Siebenmeilenstiefel

Misa Fujiwara

JN089210

ASAHI Verlag

音声ダウンロード

 # 音声再生アプリ「リスニング・トレーナー」

朝日出版社開発の無料アプリ、「リスニング・トレーナー（リストレ）」を使えば、
教科書の音声をスマホ、タブレットに簡単にダウンロードできます。

まずは「リストレ」アプリをダウンロード

≫ App Storeはこちら　　≫ Google Playはこちら

アプリ【リスニング・トレーナー】の使い方

① アプリを開き、「コンテンツを追加」をタップ

② QRコードをカメラで読み込む　

③ QRコードが読み取れない場合は、画面上部に　25471　を入力し
「Done」をタップします

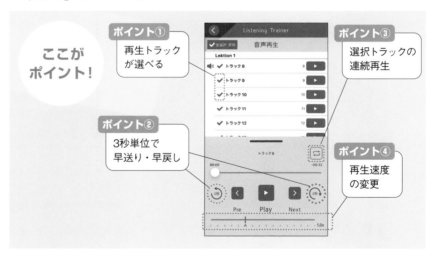

ここが
ポイント！

ポイント① 再生トラックが選べる

ポイント② 3秒単位で早送り・早戻し

ポイント③ 選択トラックの連続再生

ポイント④ 再生速度の変更

QRコードは㈱デンソーウェーブの登録商標です

音声ストリーミング

 https://text.asahipress.com/free/german/siebenmeilenstiefel/

まえがき

Guten Tag!（こんにちは！）

　本書は、はじめてドイツ語を学ぶ人が、ドイツ語の基礎的な文法を一通り学ぶことができる初級者用の教科書です。辞書で単語を調べることが前提になっています。時間をかけて取り組んで下さい。

　全部で 12 課から成り、各課は以下のような構成をとっています。

ドイツに関するトピック

　150 字程度の文章を載せました。難易度は高いですが、ちょっとしたディスカッションができるように、話題を提供しています。聞き取りや音読に使ってもよし、一通り文法事項が終わった後でじっくり読むのもよいでしょう。

文法導入

　各項目を学んだ後にちょっとした練習問題をつけています。理解できているか確認してみましょう。また、単語のレベルは少々難しいかもしれません。必ず辞書で調べながら解いてください。

課末練習問題

　各課の終わりに練習問題を用意しました。さらに、巻末の追加練習問題では文法的な間違いを探すことで、注意深く分析する力を養います。

　はじめて学ぶ方々にとって、ドイツ語の文法は非常に複雑に見えるかもしれません。もちろん決して簡単ではありませんが、繊細なパーツを集め、いずれ複雑な文章を理解し、自分でも操ることができるようになるための第一歩をみなさんは踏み出したのです。自身の母語と比較しながら、新しい言語の扉を開く喜びを感じていただければ幸いです。

2023 年秋

著者

Inhaltverzeichnis　目次

はじめに / アルファベート / 発音 / ドイツ語圏略地図

Das Alphabet
アルファベート

A	a	aː	Q	q	kuː
B	b	beː	R	r	ɛr
C	c	ţseː	S	s	ɛs
D	d	deː	T	t	teː
E	e	eː	U	u	uː
F	f	ɛf	V	v	faʊ
G	g	geː	W	w	veː
H	h	haː	X	x	ɪks
I	i	iː	Y	y	ýpsilɔn
J	j	jɔt	Z	z	ţsɛt
K	k	kaː			
L	l	ɛl	Ä	ä	ɛː
M	m	ɛm	Ö	ö	øː
N	n	ɛn	Ü	ü	yː
O	o	oː			
P	p	peː		ß	ɛs-ţsɛ́t

Aussprache 発音

発音の原則

1. ほぼローマ字式に発音する。

2. アクセントは原則、最初の幹母音につく。

3. アクセントのある幹母音の後ろにくる
   子音の数で、母音の長さが変わる。

Name（名前）、Dame（女性）
ナーメ　　　　　ダーメ

Hut（帽子）、Onkel（おじ）

子音が1つだけ：母音を長く読む

Hut ［フート］

子音が2つ以上：母音を短く読む

Onkel ［オンケル］

母音の発音

ä	[ɛː] [ɛ]	Ära　時代	Bäcker　パン屋
ö	[øː] [æ]	Öl　オイル	können　～できる
ü	[yː] [ʏ]	Übung　練習	dünn　細い
au	[aʊ]	Auge　目	Baum　木
ei	[aɪ]	Ei　卵	klein　小さい
ie	[iː]	Liebe　愛	Miete　賃貸
eu / äu	[ɔʏ]	Europa ヨーロッパ	Bäume　木々
母音 + h	母音を長く発音する	wohnen　住む	gehen　行く

* 例外：Familie [faˈmiːli̯ə]　家族

子音の発音

j	[j]	Japan　日本	Jacke　ジャケット
v	[f]	Vater　父親	Volk　民衆
w	[v]	Wagen　車	Wald　森
z	[ts]	Zug　列車	Zunge　舌
s + 母音	[z]	Sahne　クリーム	Sommer　夏
ss ß	[s]	Messer　ナイフ	süß　甘い
sch tsch	[ʃ] [tʃ]	schade　残念な	Deutsch　ドイツ語

sp- st-	[ʃp] [ʃt]	Spiel 遊び	Student 学生	
ch	[x]			
a / o / u / au の後		Bach 小川	Loch 穴	
		Buch 本	Bauch 腹	
ch	[ç]			
それ以外		Reich 国家	China 中国	
-ig	[ɪç]	König 王	billig 安い	
chs x	[ks]	Fuchs 狐	Taxi タクシー	
-b -d -g	[p] [t] [k]	halb 半分の und そして	Tag 日	
pf qu	[pf] [kv]	Pfeffer 胡椒	Quittung 領収書	
dt th	[t]	Stadt 町	Theorie 理論	
tz ts ds	[ts]	Platz 場所 nachts 夜に	abends 夕に	

フランス語の響きを残している単語もあります。

Restaurant レストラン　　Büro 事務所　　Souvenir お土産　　Menü メニュー

数詞 🎧06

0	null	10	zehn	20	zwanzig
1	eins	11	elf	21	einundzwanzig
2	zwei	12	zwölf	22	zweiundzwanzig
3	drei	13	dreizehn	30	dreißig
4	vier	14	vierzehn	40	vierzig
5	fünf	15	fünfzehn	50	fünfzig
6	sechs	16	sechzehn	60	sechzig
7	sieben	17	siebzehn	70	siebzig
8	acht	18	achtzehn	80	achtzig
9	neun	19	neunzehn	90	neunzig
				100	(ein)hundert

*21〜99 までの数字は「1 と 20 einundzwanzig」のように表現します。

ドイツ語圏略地図 （ □ はドイツ語使用地域）

Kennen Sie Deutschland?

ドイツってどんな国?

Lektion 1

Deutschland ist ein Land in Europa. Berühmte Städte sind Berlin, München und Hamburg. Die Menschen sprechen Deutsch, aber viele sprechen auch Englisch. Es gibt leckeres Essen wie Eisbein, Maultaschen und Weißwurst. Deutschland hat viele berühmte Unternehmen wie Volkswagen und BMW. Es gibt schöne Sehenswürdigkeiten wie das Brandenburger Tor und Schloss Neuschwanstein. Deutschland hat eine komplexe und wechselvolle Geschichte, aber heute spielt es als Mitglied der Europäischen Union (EU) eine große Rolle.

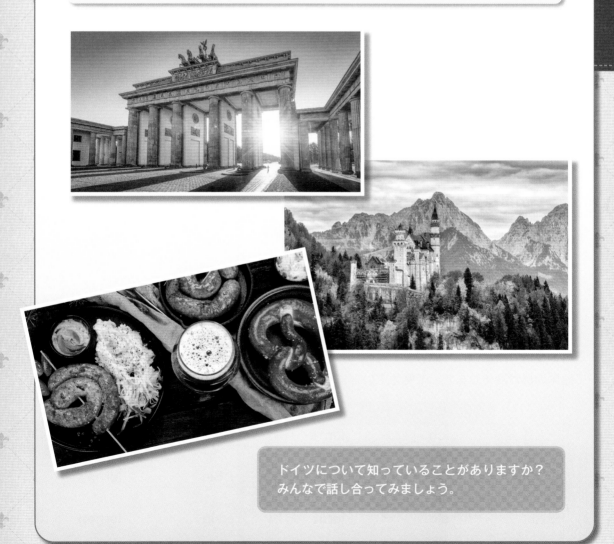

ドイツについて知っていることがありますか?
みんなで話し合ってみましょう。

Lektion 1

主語になる人称代名詞
動詞の現在人称変化、動詞の位置、疑問文の作り方
重要不規則変化動詞 sein・haben

🎧08 ❶ 主語になる人称代名詞

人やものを表す人称代名詞のうち、「私は（が）」「君は（が）」などの主語を学びましょう。

		単数		複数	
一人称	私は（が）	**ich**	私たちは（が）	**wir**	
二人称	君は（が）	**du**	君たちは（が）	**ihr**	
	あなたは（が）	**Sie**	あなたたちは（が）	**Sie**	
三人称	彼は（が）	**er**	彼らは（が）		
	彼女は（が）	**sie**	彼女らは（が）	**sie**	
	それは（が）	**es**	それらは（が）		

＊二人称は下記のように二種類あります。気をつけて使い分けてみましょう。

　du, ihr（親称二人称）：親しい間柄で使います。（家族、友人、恋人、動物、子どもなど）

　Sie（敬称二人称）：親称二人称を当てはめることができない場合はSieを使用します。最
　　　　　　　　　　　初のSは常に大文字で書きます。

＊三人称は便宜上「彼は（が）」「彼女は（が）」「それは（が）」としていますが、erとsieは人
以外も、esは事物以外も表すことがあります。Lektion 4で詳しく見ていきましょう。

🎧09 ❷ 動詞の現在人称変化

● 不定詞 ：動詞の原形のことを「不定詞」といいます。

lernen　学ぶ

lern en

語幹　語尾

このように、不定詞は「語幹」と「語尾」に分けることができます。ドイツ語は主語に応じ
て語尾の形が変化しますので覚えていきましょう。

		lernen　学ぶ		
一人称	ich	lerne	wir	lernen
二人称	du	lernst	ihr	lernt
	Sie	lernen	Sie	lernen
三人称	er			
	sie	lernt	sie	lernen
	es			

練 習 問 題 1 日本語を参考にして、適切な主語と動詞を入れてみましょう。

① 私はドイツ語を学んでいる。 _____ Deutsch.

② 君はフランス語を学んでいる。 _____ Französisch.

③ 彼女は中国語を学んでいる。 _____ Chinesisch.

3 動詞の位置 🎧10

ドイツ語では動詞の位置に常に注意をしましょう。下の例文を見てください。

Ich **lerne** heute Deutsch. 　私は今日ドイツ語を勉強する。

Deutsch **lerne** ich heute. 　ドイツ語を私は今日勉強する。

Heute **lerne** ich Deutsch. 　今日私はドイツ語を勉強する。

平叙文では動詞を前から二番目に置きます。また、この場合の二番目とは単語数ではなく文成分で捉えてください。このことを「**定動詞第二位**」といいます。

練 習 問 題 2 以下の単語を使い、三通りの文章を作ってみましょう。

wir / morgen / Englisch / lernen

① _____

② _____

③ _____

4 疑問文の作り方 🎧11

「はい」か「いいえ」で答えることができる疑問文のことを「**直接疑問文**」といい、ドイツ語では動詞が文頭にきます。その際、動詞は主語にあわせて人称変化することに注意しましょう。

Lern**en** Sie heute Deutsch? 　あなたは今日ドイツ語を勉強するのですか？

⇒ Ja, ich lerne heute Deutsch. 　はい、私は今日ドイツ語を勉強します。

⇒ Nein, ich lerne heute Englisch. 　いいえ、私は今日英語を勉強します。 ja と nein も覚えましょう！

練 習 問 題 3 以下の文章を疑問文に直してみましょう。

① Ihr lernt jeden Tag Deutsch. → _____

② Sie lernt fleißig Englisch. → _____

🎧 12 **⑤ 重要不規則変化動詞 sein・haben**

> 主語とセットで
> 暗記してしまうと
> 良いですよ！

主語に応じて、動詞の不定詞から大きく変化する動詞も存在します。ここでは、その中でも特に重要な二つの不規則変化動詞を学びましょう。

> ★ドイツ語では、職業や身分を表す単語に男性形と女性形があります。男性形の後ろに -in をつけると女性形になることが多いです。

sein: ～である

Ich **bin** Studentin*.　　私は（女性の）学生です。

Du **bist** groß.　　　　君は背が高いんだね。

		sein　～である		
一人称	ich	**bin**	wir	**sind**
二人称	du	**bist**	ihr	**seid**
	Sie	**sind**	Sie	**sind**
三人称	er		sie	
	sie	**ist**		**sind**
	es			

haben: ～を持っている

Hast du jetzt Zeit?　　君はいま暇？（君は今時間を持っているかい？）

Ich **habe** Fieber.　　　私は熱がある。（私は熱を持っている）

		haben　～を持っている		
一人称	ich	habe	wir	haben
二人称	du	**hast**	ihr	habt
	Sie	haben	Sie	haben
三人称	er		sie	
	sie	**hat**		haben
	es			

練習問題 4　日本語にあうように、単語を並べ変えて文章を作ってみましょう。動詞は適宜変化させてください。

① 私たちは遅れている。［wir / spät / sein］

_____

② 君は今日お休みなんだね。［frei / du / heute / sein］

_____

③ 彼はお金をたくさん持っている。［haben / er / viel / Geld］

_____

時間帯　die Tageszeit　　一日　ein Tag

Morgen 朝　　　　　Vormittag 午前　　　　Mittag 昼

Nachmittag 午後　　Abend 夕方　　　　　Nacht 夜

曜日　der Wochentag　　一週間　eine Woche

Sonntag 日曜日　　　Montag 月曜日　　　Dientag 火曜日　　　Mittwoch 水曜日

Donnerstag 木曜日　　Freitag 金曜日　　　Samstag 土曜日

月　der Monat

Januar 一月　　　Februar 二月　　　März 三月

April 四月　　　Mai 五月　　　　Juni 六月

Juli 七月　　　August 八月　　　September 九月

Oktober 十月　　November 十一月　　Dezember 十二月

四季　die Jahreszeit

Frühling 春　　Sommer 夏　　Herbst 秋　　Winter 冬

祝祭　das Fest

Ostern イースター　　Silvester 大晦日　　Weihnachten クリスマス　　Neujahr 新年

> 他にはどんな祝祭が
> あるでしょうか？

Lektion 1

Übung 1

I 日本語訳を参考に、適切な人称代名詞を入れなさい。

1) _____ haben heute viel Arbeit.　　私たちは今日仕事がたくさんある。

2) _____ geht morgen ins Kino.　　彼は明日映画を観に行く。

3) _____ spielt Tennis.　　彼女はテニスをする。

4) _____ lerne Deutsch.　　私はドイツ語を学んでいる。

II 主語にあわせて、（ ）内の動詞を適切に現在人称変化させなさい。

1) Ich _____ gern Musik. (hören)

2) Wir _____ Pizza. (essen)

3) _____ du zur Schule? (gehen)

4) Anna _____ Englisch. (lernen)

5) Lukas _____ gern. (kochen)

III 主語にあわせて、（ ）内の不規則変化動詞を適切に現在人称変化させなさい。

1) Ich _____ Kopfschmerzen. (haben)

2) Du _____ heute Geburtstag. (haben)

3) _____ Sie müde? (sein)

4) _____ ihr Zeit? (haben)

5) Sie（彼らは）_____ glücklich. (sein)

Drei berühmte Komponisten aus Deutschland
ドイツの有名な作曲家たち

🎧 13

Bach, Beethoven und Brahms sind drei bekannte deutsche Komponisten, die in unterschiedlichen Epochen gelebt haben. Bach hat Barockmusik geschrieben, Beethoven gehört zur Wiener Klassik und gilt als Vorläufer der Romantik. Brahms wiederum ist als Komponist der Hochromantik bekannt. Alle drei Komponisten haben einflussreiche Musik geschrieben, die heute noch gehört und geschätzt wird. Sie haben bekannte Episoden in ihrer Biografie. Bach hatte eine große Familie (20 Kinder!), Beethoven verlor sein Gehör, und Brahms unterstützte nach Schumanns Tod dessen Frau Clara und deren Kinder.

上記の三人以外で知っているドイツの作曲家は
いますか？みんなで話し合ってみましょう。また
写真の彫像がある町はどこでしょうか？

名詞の性と数、名詞の複数形
定冠詞・不定冠詞と名詞の格変化
疑問代名詞、疑問詞

🎧14 ① 名詞の性と数

ドイツ語の単数名詞は文法上の性を持ち、男性名詞、女性名詞、中性名詞のいずれかに分類されます。また、名詞の一文字目は、必ず**大文字**で書くことになっています。

例)

男性名詞		女性名詞		中性名詞	
der **Vater**	その父親	die **Mutter**	その母親	das **Kind**	その子ども
der **Hund**	その犬	die **Katze**	その猫	das **Pferd**	その馬

上の名詞の前についている単語は、「**定冠詞**」と呼ばれ、英語の the（その、この）に相当します（日本語ではあえて訳す必要がない場合も多いです）。ドイツ語の定冠詞は後ろに来る名詞の性によってそれぞれ形が異なるため、まずは der, die, das の三種類を覚えてみましょう！新しい名詞に出会った際には、性と意味をセットで調べる必要が出てきます。

練習問題 **1** 次の名詞の意味を調べ、定冠詞を付けて書きましょう。

① Apfel　意味　定冠詞＋名詞　　② Banane　意味　定冠詞＋名詞　　③ Bier　意味　定冠詞＋名詞

④ Suppe　意味　定冠詞＋名詞　　⑤ Brot　意味　定冠詞＋名詞　　⑥ Wein　意味　定冠詞＋名詞

🎧15 ② 名詞の複数形

ドイツ語の名詞は複数形を持つことが大半ですが、その語尾のパターンは五種類あります。辞書で名詞を調べると語尾の形も載っていますので、性と一緒にチェックしてみましょう。

		単数形	複数形
同尾式	(¨) —	der Onkel, der Vater, die Mutter	die Onkel, die Väter, die Mütter
e式	(¨) —e	der Hund, der Baum	die Hunde, die Bäume
er式	¨—er	das Kind, das Haus	die Kinder, die Häuser
en式	—[e]n	die Frau, die Flasche	die Frauen, die Flaschen
s式	—s	das Auto, der Laptop	die Autos, die Laptops

五種類の語尾をすぐに覚える必要はありませんが、辞書で調べる癖をつけることは大切です。また、複数形になると、名詞のもとの性に関わらず、定冠詞は die で統一されます。

練習問題 2 次の名詞の複数形を調べ、定冠詞を付けて書きましょう。

① das Glas   ② der Löffel   ③ die Gabel

④ der Salat   ⑤ das Hotel   ⑥ das Ei

③ 定冠詞・不定冠詞と名詞の格変化 🎧16

文中での名詞の役割を「格」と言い、ドイツ語では４つの格が存在します。下の例文を見てください。

Der Vater schenkt **der Mutter ein Buch.**   父は母に一冊の本をプレゼントする。
_{男性名詞1格　　　　　　　　女性名詞3格　　　　中性名詞4格}

Der Ring der Mutter ist sehr schön.   母の指輪はとても美しい。
_{男性名詞1格　　　女性名詞2格}

ドイツ語の名詞は日本語の助詞にあたる役割を内包しており、とりわけ冠詞が格に応じて形を変え、その役割を明確に表してくれるのです。それではまず、ドイツ語の四つの格の主な役割を学びましょう。※便宜上、数字で格を表します。

1格（主格）：主語になる格で「〜は」、「〜が」と訳すことができます。格のない状態の名詞は1格と同じ形になっています。

2格（属格）：所有、帰属などを表す格で、「〜の」と訳すことができます。対象となる名詞の直後に置かれます。

3格（与格）：動詞の目的語の一つで、主に「〜に」と訳されます。（間接目的語）

4格（対格）：動詞の目的語の一つで、主に「〜を」と訳されます。（直接目的語）

以下の表で定冠詞が1格〜4格でどのように変化するのかを覚えましょう。

Lektion 2

定冠詞と名詞の格変化

	男性名詞	女性名詞	中性名詞	複数名詞
1格	der Vater	die Mutter	das Kind	die Kinder
2格	des Vaters*	der Mutter	des Kindes*	der Kinder
3格	dem Vater	der Mutter	dem Kind	den Kindern*
4格	den Vater	die Mutter	das Kind	die Kinder

★男性名詞2格と中性名詞2格は名詞の後ろに -s あるいは -es が付きます。また、複数名詞3格は名詞の後ろに -n が付きます。

定冠詞の次は「不定冠詞」を覚えましょう。不定冠詞は英語のａやan（一つの、とある）に相当します。単数名詞の前にしか付くことができませんので注意しましょう。

男性名詞	女性名詞	中性名詞
ein Vater　ひとりの父親	eine Mutter　　ひとりの母親	ein Kind　ひとりの子ども

不定冠詞の名詞の格変化

	男性名詞	女性名詞	中性名詞	複数名詞
1格	ein　　Vater	eine Mutter	ein　　Kind	-* Kinder
2格	eines Vaters	einer Mutter	eines Kindes	- Kinder
3格	einem Vater	einer Mutter	einem Kind	- Kindern
4格	einen Vater	eine Mutter	ein　　Kind	- Kinder

★厳密に言えば、不定冠詞がついた名詞が複数形になると、冠詞部分は「無冠詞」になります。

練 習 問 題 **3**　日本語にあうように、単語を並べ変えて文章を作ってみましょう。動詞は不定詞の状態かつ名詞も格変化していないため、適切に書き換えてください。

① 私はリンゴ男を一つ食べる。[ich / essen / ein Apfel]

_____

② あなたはその子ども中に一輪の花女をプレゼントするのですか？
[Sie / schenken / eine Blume / das Kind]

_____

③ その子どもたち複は一頭の犬男を飼っている。[haben / die Kinder / ein Hund]

_____

🎧 ④ **疑問代名詞**
17

「誰が」「誰を」など人に関すること、あるいは「何が」「何を」など事物に関する情報をたずねる時に使用する代名詞のことを疑問代名詞と呼び、**文頭に置いて**疑問文を作ります。ここではwer「誰」とwas「何」の二つを覚えましょう。

	wer 誰	was 何
1格	wer	was
2格	wessen	(wessen)*
3格	wem	-
4格	wen	was

★2格の形はほとんど使用されていません。

Wer macht das?	誰がそれをやるの？
Wem gehört das Auto?	その車は誰のもの？
Was trinken Sie?	あなたは何を飲みますか？
Was ist das?	これは何ですか？

疑問代名詞は基本的に**三人称単数**の扱いになるため、1格の場合は動詞の語尾に注意しましょう。

⑤ 疑問詞 🎧18

疑問代名詞の wer も was も「疑問詞」の一つです。Lektion 1 で「直接疑問文」の作り方について学びましたが、ここでは「疑問詞」を用いて、不足した情報を補う「補足疑問文」が登場します。
疑問詞は文頭に置き、直後に動詞、主語、の順で続きます。

代表的な疑問詞

wo どこで、どこに　　**woher** どこから　　**wohin** どこへ

wann いつ　　**warum** なぜ　　**wer** 誰が（格変化する）　　**was** 何が、何を

wie どのような、どのように

| **Wo** wohnst du jetzt? | 君は今どこに住んでいるの？ |
| **Wann** kommt er? | 彼はいつ来ますか？ |

練習問題 4 適切な疑問詞を書きましょう。

① ＿＿＿＿＿＿ heißen Sie?　　あなたの名前は何ですか？（あなたはどのような名前ですか？）

② ＿＿＿＿＿＿ ist die Universität?　大学はどこですか？

③ ＿＿＿＿＿＿ lernst du heute?　君は今日何を学ぶの？

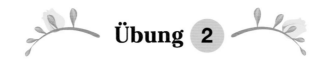

Übung 2

I 名詞の性を調べて、適切な定冠詞を書きなさい。また、調べた名詞の複数形も書きなさい。

1) ＿＿＿＿＿ Auto ist blau. その車は青色だ。複 ＿＿＿＿＿＿＿＿

2) ＿＿＿＿＿ Stuhl ist kaputt. その椅子は壊れている。複 ＿＿＿＿＿＿＿＿

3) ＿＿＿＿＿ Blume ist gelb. その花は黄色い。複 ＿＿＿＿＿＿＿＿

4) ＿＿＿＿＿ Tür ist geschlossen. そのドアは閉まっている。複 ＿＿＿＿＿＿＿＿

5) ＿＿＿＿＿ Uhr ist teuer. その時計は高い。複 ＿＿＿＿＿＿＿＿

II 日本語訳を参考にして、適切な定冠詞あるいは不定冠詞を書きなさい。

1) Ich sehe ＿＿＿＿＿＿＿ Vogel. 私は一羽の鳥を見ます。

2) ＿＿＿＿＿ Schokolade schmeckt sehr gut. そのチョコレートはとても美味しい。

3) ＿＿＿＿＿＿＿ Kind spielt dort. 一人の子どもがあそこで遊んでいる。

4) ＿＿＿＿＿＿＿ Männer lesen zusammen ＿＿＿＿＿＿＿ Zeitung.

   その男性たちは一緒に一部の新聞を読んでいる。

5) ＿＿＿＿＿ Mädchen hat ＿＿＿＿＿ Hund. その少女は犬を一頭飼っている。

III 日本語訳を参考にして、下線部に適切な疑問詞を書きなさい。

1) ＿＿＿＿＿＿＿ machst du heute? 君は今日何をするの？

2) ＿＿＿＿＿＿＿ hilft er? 彼は誰の手助けをするの？

3) ＿＿＿＿＿＿＿ kommt morgen? 誰が明日来るの？

ドイツ文学のこと知っていますか？

🎧 19

Johann Wolfgang von Goethe war ein Dichter, Schriftsteller und Naturforscher im 18. und 19. Jahrhundert. Er schrieb berühmte Werke wie "Faust" und "Die Leiden des jungen Werthers".

Die Gebrüder Grimm haben im 19. Jahrhundert viele Märchen wie "Rotkäppchen", "Schneewittchen" und "Hänsel und Gretel" gesammelt und aufgeschrieben.

Michael Ende war ein Schriftsteller des 20. Jahrhunderts. Er schrieb Kinderbücher wie "Die unendliche Geschichte" und "Momo", die von vielen Menschen geliebt werden.

ドイツ文学を読んだことはありますか？
みんなで話し合ってみましょう。

不規則変化動詞
命令形、es の用法
定冠詞類・不定冠詞類

  不規則変化動詞

「不規則変化動詞」にも一定の規則性があります。特に注意するのは、**主語が親称二人称単数形 du や、三人称単数形 er/sie/es（その他固有名詞の単数形）である時**です。不規則変化動詞の「**語幹の母音**」に着目してみましょう！

例）fahren （乗り物で）行く

Ich fahre nach Berlin.	私はベルリンに（乗り物で）行く。
Er fährt nach Berlin.	彼はベルリンに（乗り物で）行く。

例）sprechen 話す

Ich spreche Japanisch.	私は日本語を話す。
Du sprichst Japanisch.	君は日本語を話す。

	①語幹の a → ä **fahren**	②語幹の e → i **sprechen**	②' 語幹の e → ie **sehen**
ich	fahre	spreche	sehe
du	**fährst**	**sprichst**	**siehst**
Sie	fahren	sprechen	sehen
er **sie** **es**	**fährt**	**spricht**	**sieht**
wir	fahren	sprechen	sehen
ihr	fahrt	sprecht	seht
Sie **sie**	fahren	sprechen	sehen

※語幹の e が短母音の場合は「e→i」、長母音の場合は「e→ie」と変化するパターンが多いですが、**geben（与える）**は元が長母音の語幹にもかかわらず、du gibst、er gibt となるなど、例外もあります。

新しい動詞に出会ったら、それが規則変化動詞なのか不規則変化動詞なのかを把握する必要が出てきます。辞書や教科書巻末の「主要不規則動詞変化表」の「直説法現在」の箇所を調べてみましょう。何も記載がない動詞は、語尾のみ変化する規則変化動詞です。

	halten 持って(つかんで)いる	lesen 読む	nehmen 取る	wissen 知っている	werden …になる
ich	halte	lese	nehme	weiß	werde
du	hältst	liest	nimmst	weißt	wirst
Sie	halten	lesen	nimmt	wissen	werden
er sie es	hält	liest	nimmt	weiß	wird
wir	halten	lesen	nehmen	wissen	werden
ihr	haltet	lest	nehmt	wisst	werdet
Sie sie	halten	lesen	nehmen	wissen	werden

練習問題 1 （ ）内の動詞を適切に人称変化させて下線部に書きましょう。

① Das Kind ＿＿＿＿＿＿＿＿＿ tief. (schlafen)　　その子どもはぐっすり眠っている。

② ＿＿＿＿＿＿＿＿＿ du heute Mia? (treffen)　　君は今日ミアに会うの？

③ Was ＿＿＿＿＿＿＿＿＿ du? (empfehlen)　　君のおすすめは何？

2 命令形 🎧21

「〜してください」「〜するように」など、目の前にいる対象者に何かをしてほしい時、命令形を使うことができます。相手はSie（あなた・あなたたち）あるいはdu（君）・ihr（君たち）ですので、命令形のパターンは三種類になります。

	kommen　来る	schlafen　眠る	sprechen　話す
duに対して 動詞の語幹(e)	Komm herein! 入っておいでよ！	Schlaf gut! よく寝なよ！	Sprich nicht so laut! そんなに大きな声で話さないで！
ihrに対して 動詞の語幹t	Kommt herein! 入っておいでよ！	Schlaft gut! よく寝なよ！	Sprecht nicht so laut! そんなに大きな声で話さないで！
Sieに対して 動詞の語幹en+Sie	Kommen Sie herein! お入りください！	Schlafen Sie gut! よく寝てください！	Sprechen Sie nicht so laut! そんなに大きな声で話さないでください！

duやihrなど、親しい関係にある相手に対しては、主語を省略して文頭に動詞を配置します。また、duに対する命令形では、動詞の語尾が欠落している点も要注意です。「a→ä」タイプはduに対する命令形を作る時に、語幹は変化しません。※上の表のschlafenを参照。

練習問題 **2** 与えられた単語を使い、命令文を作ってみましょう。必要であれば単語を適宜補ってください。

① Sie に対して：[schließen / das Fenster]

② ihr に対して ：[die Tür / öffnen]

③ du に対して ：[die Zeitung / lesen]

🎧 22 **3** **es の用法**

es は「それ」と学びましたが、文章における形式的な主語として機能することもあります。これを非人称の es と呼びます。日本語で「それ」と訳す必要はありません。

> Wie geht es Ihnen?
> お元気ですか？
> →ここで使われているのも非人称の es です。

天候：Es regnet heute.　今日は雨が降っている。
時間：Es ist 10 Uhr 20.　10時20分だ。
熟語表現：Es gibt einen Supermarkt.　スーパーマーケットが一軒ある。
※「es gibt 4格」で「4格がある」という意味になります。よく出てくるので覚えましょう。

🎧 23 **4** **定冠詞類・不定冠詞類**

定冠詞や不定冠詞の他にも、名詞の前に置かれる冠詞が色々あります。これらは定冠詞と同じような変化をする「定冠詞類」と、不定冠詞と同様の変化をする「不定冠詞類」に分類されています。どのような種類があるのか見ていきましょう。

定冠詞類

dieser この　**jener** あの　**solcher** そのような　**welcher** どの　**jeder**＊ それぞれの
mancher いくつかの　**aller** すべての

＊ jeder は必ず単数名詞の前に置かれます。

例） **dieser の格変化**

	男性名詞	女性名詞	中性名詞	複数名詞
1格	dieser　Vater	diese　Mutter	dieses　Kind	diese　Kinder
2格	dieses　Vaters	dieser　Mutter	dieses　Kindes	dieser　Kinder
3格	diesem　Vater	dieser　Mutter	diesem　Kind	diesen　Kindern
4格	diesen　Vater	diese　Mutter	dieses　Kind	diese　Kinder

定冠詞の格変化表と見比べながら覚えることをおすすめします。
定冠詞類の次は「不定冠詞類」を覚えましょう。不定冠詞類には次のようなものがあります。

不定冠詞類

所有冠詞：**mein** 私の　**dein** 君の　**sein** 彼の　**ihr** 彼女の　**sein** それの

　　　　　unser 私たちの　**euer** 君たちの　**ihr** 彼らの　**Ihr** あなたの／あなたたちの

否定冠詞：**kein** 〜ない（0の〜）

例）　**mein の格変化**

	男性名詞	女性名詞	中性名詞	複数名詞
1格	mein　　Vater	meine　Mutter	mein　　Kind	meine　　Kinder
2格	meines　Vaters	meiner　Mutter	meines　Kindes	meiner　Kinder
3格	meinem　Vater	meiner　Mutter	meinem　Kind	meinen　Kindern
4格	meinen　Vater	meine　Mutter	mein　　Kind	meine　　Kinder

このように、不定冠詞類は不定冠詞 ein の格変化と一致します。複数名詞の前に置かれるパターンは今回初出ですので、しっかり覚えましょう。

練習問題 3 日本語を参考にして、適切な定冠詞類あるいは不定冠詞類を書きましょう。

① ＿＿＿＿＿＿＿ Freundin ist sehr nett.　　　私の友人はとても親切です。

② Er hat ＿＿＿＿＿＿＿ Zeit.　　　　　　　彼は暇ではない。

③ ＿＿＿＿＿＿＿ Mensch hat das Recht.　　　人間はそれぞれ権利を持っている。

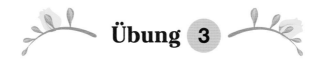

Übung 3

I （　）内の動詞を適切に人称変化させて下線部に書きなさい。

1）Er ＿＿＿＿＿＿＿ gern Bücher. (lesen)　彼は本を読むのが好きだ。

2）Sie ＿＿＿＿＿＿＿ den Bus. (nehmen)　彼女はそのバスに乗る。

3）Du ＿＿＿＿＿＿＿ über die Geschichte. (wissen)

君はその物語について知っている。

4）Ihr ＿＿＿＿＿＿＿ morgen nach Berlin. (fahren)　君たちは明日ベルリンに行く。

5）Karina ＿＿＿＿＿＿＿ fließend Französisch. (sprechen)

カリーナは流暢にフランス語を話す。

II （　）内の動詞を適切に変化させ、命令文を作りなさい。

1）du に対して：＿＿＿＿＿＿＿＿＿＿＿＿＿＿ leise! (sprechen)

2）Sie に対して：＿＿＿＿＿＿＿＿＿＿＿＿＿ dem Kind bitte! (helfen)

3）ihr に対して：Bitte ＿＿＿＿＿＿＿＿＿＿＿ das Buch! (lesen)

III 日本語を参考にして、適切な定冠詞類を書きなさい。

1）＿＿＿＿＿＿＿ Rock ist sehr schön.　このスカートはとても素敵です。

2）＿＿＿＿＿＿＿ Stadt gefällt Marie?　マリーはどの街が気に入っているの？

3）＿＿＿＿＿＿＿ Mensch hat seine Eigenart.　人にはそれぞれ個性がある。

IV 日本語を参考にして、適切な不定冠詞類を書きなさい。

1）Bring bitte ＿＿＿＿＿＿＿ Kind eine Jacke!

私の子どもにジャケットを一枚持ってきて！

2）Das ist ＿＿＿＿＿＿＿ Tochter Sarah.　こちらは私たちの娘のザラです。

3）Gibt es hier ＿＿＿＿＿＿＿ Bibliothek?　ここには図書館がないの？

Die Politik in Deutschland
ドイツの政治

In Deutschland gibt es viele politische Parteien, die unterschiedliche Ideen haben. Die bisherigen Bundeskanzler gehörten alle zur CDU (Christlich Demokratische Union) oder SPD (Sozialdemokratische Partei Deutschlands). Die einzige Bundeskanzlerin gehörte ebenfalls zur CDU.

Deutschland ist Teil von Europa und hat eine sehr starke Wirtschaft. Die Regierung kümmert sich um Themen wie Bildung, Gesundheit, Umweltschutz und Integration von Menschen aus anderen Ländern. In den letzten Jahren gab es viele Diskussionen darüber, wie man insbesondere Geflüchteten helfen und gut in Deutschland integrieren kann. Das ist eine wichtige Frage für die Politik in Deutschland.

ドイツの政党について、みんなで話し合ってみましょう。

人称代名詞の格変化
前置詞の格支配
特定の定冠詞と前置詞の融合形

🎧25 **1** **人称代名詞の格変化**

Lektion 1 で学んだ主語は、人称代名詞の1格です。すなわち、人称代名詞も格変化をするということです。どのような形に変化するのか、以下の表で見てみましょう。

1格	ich	du	er	sie	es	wir	ihr	sie	Sie
2格*	(meiner)	(deiner)	(seiner)	(ihrer)	(seiner)	(unser)	(euer)	(ihrer)	(Ihrer)
3格	**mir**	**dir**	**ihm**	**ihr**	**ihm**	**uns**	**euch**	**ihnen**	**Ihnen**
4格	**mich**	**dich**	**ihn**	**sie**	**es**	**uns**	**euch**	**sie**	**Sie**

★人称代名詞の2格は古い言い回しになり、ほとんど使用されません。

Ich schenke **ihr** ein Geschenk.　　　　私は彼女にプレゼントを一つ贈る。
Ich vermisse **dich**.　　　　　　　　　君がいなくて寂しい。

三人称単数形にあたる er/sie/es は、それぞれ「人」や「事物」に関わらず、もとの名詞の性に応じて使用することができます。

er: 男性あるいは男性名詞　　　例）Der Tisch ist schön. → Er ist schön.
sie: 女性あるいは女性名詞　　　例）Die Tasche ist klein. → Sie ist klein.
es: 事物あるいは中性名詞　　　例）Das Kind ist 5 Jahre alt. → Es ist 5 Jahre alt.

日本語に訳す時は、文脈に応じて「それ」や「その子」など工夫してみましょう。

練 習 問 題 **1** 日本語を参考にして、下線部に適切な人称代名詞を入れましょう。

① Ich gebe _____ einen Kuli.　　　　　　私は彼にボールペンを一本渡す。

② Bitte helfen Sie _____ !　　　　　　　どうか私に手を貸してください！

③ Ich lese eine Krimi. _____ ist interessant.　　私は推理小説を読んでいる。それは興味深い。

🎧26 **2** **前置詞の格支配**

下記の文章中に出てくる**太字**の単語が前置詞です。名詞または代名詞を支配して、動詞等と関連付ける役割を担います。

Ich komme **aus** Deutschland.　　私はドイツから来ました。
Wohnst du **in** Osaka?　　　　　君は大阪に住んでいるの？

ドイツ語の前置詞は、後置（まれに前置）される名詞あるいは代名詞の格をも決める力があり、これを「前置詞の格支配」と呼びます。前置詞と名詞（あるいは代名詞）はセットで一つの文成分になります。

2格支配 Während der Pause trinke ich Kaffee. 休憩時間中に私はコーヒーを飲む。	**statt** ～の代わりに　**trotz** ～にもかかわらず **während** ～の間に　**wegen** ～の理由で
3格支配 Zu meinem Onkel fahre ich mit dem Fahrrad. 私のおじのところへ自転車で行く。	**aus** ～から　**bei** ～の近くで　**mit** ～とともに、～をもって **nach** ～の方へ、～の後、～に従えば　**seit** ～以来 **von**（どこそこ）から、（いついつ）から、～の **zu**（誰々の）ところへ、（特定の機関）へ
4格支配 Ich laufe durch den Wald. 私は森を通って駆けていく。	**durch** ～を通って　**für** ～のために **gegen** ～に向かって、～に対して　**ohne** ～無しに **um** ～のまわりに　**bis** ～まで

練習問題 **2** （　）内の単語を適切な形に変化させ、下線部に書きましょう。

① Wegen ＿＿＿＿＿＿＿＿ bleiben wir zu Hause.（das Wetter）

② Komm bitte zu ＿＿＿＿＿＿＿＿ !（ich）

③ Dieses Geschenk ist für ＿＿＿＿＿＿＿＿ .（mein Kind）

3・4格支配の前置詞について

3格と4格両方を支配できる前置詞は九つあり、いずれも空間における位置を表します。

3・4格支配	**an** ～のきわ　**auf** ～の上　**über** ～の上方　**unter** ～の下　**hinter** ～の後ろ **vor** ～の前　**in** ～の中　**neben** ～の隣　**zwischen**（二つのもの）の間

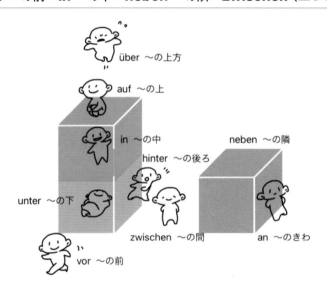

Lektion 4

どちらの格支配になるのかについては、次のような違いがあります。

3格支配：どこにあるのか、どこでするのか、という**場所**

例）Er steht vor der Tür.　彼はドアの前に立っている。

4格支配：どこへ動かすのか、どこへ移動するのか、という**方向**

例）Er geht vor die Tür.　彼はドアの前へ移動する。

練習問題 3 動詞の意味に注意して、（　）内の単語を適切に変化させ、下線部に書きましょう。

① Ich lege meine Tasche auf ＿＿＿＿＿＿＿ . (der Tisch)

② Die Katze liegt unter ＿＿＿＿＿＿＿ . (der Stuhl)

🎧 **3 特定の定冠詞と前置詞の融合形**

用法が慣習化し、定冠詞の意味が弱くなっている場合などに、定冠詞と前置詞が融合して新しい形を作ることがあります。パターンがあるので覚えてしまいましょう。

dem（男性名詞3格・中性名詞3格定冠詞）との融合形

an+dem → **am**　　　bei+dem → **beim**　　　in+dem → **im**　　　von+dem → **vom**
zu+dem → **zum**

das（中性名詞4格定冠詞）との融合形

an+das → **ans**　　　auf+das → **aufs**　　　durch+das → **durchs**　　　für+das → **fürs**
in+das → **ins**　　　vor+das → **vors**　　　um+das → **ums**

der（女性名詞3格定冠詞）との融合形

zu+der → **zur**

練習問題 4 次の文章中で融合形にできる箇所を探して書き込みましょう。融合形にできない場合は×を書いてください。

Ich fahre zu der Uni immer mit dem Fahrrad. An dem Freitag habe ich Unterricht.

Nach dem Unterricht gehe ich zu der Post.

前置詞と人称代名詞、疑問代名詞の融合形

前置詞は人称代名詞と一緒に用いることもありますが、この人称代名詞が人でなく事物を表す場合、次のように変化します。

人称代名詞が人を表す場合：前置詞＋人称代名詞

Meine Mutter besucht mich. Mit ihr gehe ich ins Kino.

私の母が訪ねてくる。彼女と一緒に私は映画を観に行く。

人称代名詞が事物を表す場合：da[r]＋前置詞

Es gibt einen Tisch. Darauf liegt eine Katze.　机が一つある。その上に猫が横たわっている。

また、前置詞は疑問代名詞 wer や was と一緒に用いることもできます。

前置詞と wer を一緒に使う場合

Von wem sprichst du?　　君は誰のことを話しているの？
Für wen machst du das?　誰のために君はこれをするの？

前置詞と was を一緒に使う場合：wo[r]＋前置詞

Womit machst du das?　　君は何を使ってそれをやるの？
Worüber sprichst du?　　君は何について話しているの？

練習問題 **5** 下線部に前置詞と人称代名詞、あるいは疑問代名詞の融合形を書き入れましょう。

① Ich habe ein Fahrrad. ＿＿＿＿＿＿＿＿＿ fahre ich nach Osaka.

私は自転車を持っている。それで私は大阪に行く。

② Da gibt es einen Platz. Wir legen unsere Sachen ＿＿＿＿＿＿＿＿＿.

あそこに場所がある。私たちは自分の持ち物をその上に置く。

③ Ich fahre mit dem Bus zur Uni. ＿＿＿＿＿＿＿＿＿ fährst du?

私はバスで大学に通っている。君は何で来ている？

Lektion 4

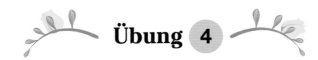

Übung ④

I それぞれの空欄に適切な代名詞を入れなさい。

1) Ich gebe _____ das Buch.　　私は彼にその本をあげる。

2) Sie sagt _____ die Wahrheit.　　彼女は私たちに真実を言う。

3) Wir sehen _____ im Park.　　私たちは公園で彼らに会う。

4) Er gibt _____ das Geld.　　彼は君たちにお金を渡す。

5) Sie schenken _____ Blumen.　彼らは私に花をプレゼントする。

II （　）内から適切な前置詞を選び、それぞれの空欄に入れなさい。

1) Ich spiele _____ meinem Hund im Park. (mit / bei / zu)

2) Sie arbeitet _____ einer Bank. (für / auf / bei)

3) Er lernt Deutsch _____ die Zukunft. (für / durch / während)

4) Ich gehe _____ meiner Familie ins Kino. (mit / bei / für)

5) _____ des Sommers gehe ich oft schwimmen. (Durch / Für / Während)

III 一つ目の下線部に適切な前置詞を、二つ目以降の下線部に定冠詞を入れなさい。

1) Das Buch liegt _____ _____ Tisch.

その本は机の上にある。

2) Der Hund liegt _____ _____ Bett.

その犬はベッドの下に横たわっている。

3) Das Restaurant liegt _____ _____ Bahnhof und _____ Supermarkt.

そのレストランは駅とスーパーマーケットの間にある。

4) Der Fluss fließt _____ _____ Stadt.

その川は町を通って流れている。

5) Der Vogel schlägt _____ _____ Flügeln.

その鳥は羽ばたく。

Die Wiedervereinigung Deutschlands

東西ドイツ再統一

Die Wiedervereinigung Deutschlands fand am 3. Oktober 1990 statt. Vier Jahre nach Kriegsende war Deutschland in zwei Teile geteilt: die Bundesrepublik Deutschland (BRD) im Westen und die Deutsche Demokratische Republik (DDR) im Osten. Im Jahr 1989 gab es in der DDR eine friedliche Revolution, bei der die Menschen gegen das sozialistische Regime protestierten. Als die Berliner Mauer am 9. November 1989 fiel, konnten sich die Menschen frei bewegen und schließlich wurde die Wiedervereinigung beschlossen. Die BRD und die DDR unterzeichneten im Oktober 1990 einen Vertrag, der die Vereinigung offiziell machte. Heute ist Deutschland ein starkes und geeintes Land, das eine wichtige Rolle in Europa und der Welt spielt.

Lektion 5

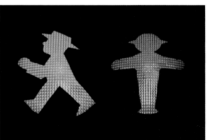

ベルリンの壁を知っていますか？
みんなで話し合ってみましょう。

様々な助動詞
（話法の助動詞、未来を表す助動詞、使役の助動詞、知覚動詞）
従属の接続詞

  1 話法の助動詞

「～することができる」（可能）、「～しなければならない」（必要）などのように、本動詞とともに用いて文脈に多様なニュアンスをもたらす語を話法の助動詞といい、下記のようなものがあります。

● **話法の助動詞**

dürfen	können	mögen	müssen	sollen*	wollen*	möchte
～してよい	～できる	～かもしれない	～しなければならない	～すべきだ	～するつもりだ	～したい

＊sollen は主語以外の人物の意見や意思の伝聞を表し、wollen は主語の強い意志を表します。

話法の助動詞には、上記以外にもさまざまな意味があるので、辞書で調べてみましょう。
助動詞は①**主語に応じた人称変化**、②**動詞の本来置かれるべき位置取り**、という本来本動詞が担っていた役割を肩代わりしてくれます。

話法の助動詞の現在人称変化

	dürfen	können	mögen	müssen	sollen	wollen	möchte*
ich	**darf**	**kann**	**mag**	**muss**	**soll**	**will**	**möchte**
du	darfst	kannst	magst	musst	sollst	willst	möchtest
er/sie/es	darf	kann	mag	muss	soll	will	möchte
wir	dürfen	können	mögen	müssen	sollen	wollen	möchten
ihr	dürft	könnt	mögt	müsst	sollt	wollt	möchtet
sie	dürfen	können	mögen	müssen	sollen	wollen	möchten
Sie	dürfen	können	mögen	müssen	sollen	wollen	möchten

＊möchte はもともと mögen が変化した形であるため、他の話法の助動詞ほど複雑には変化しません。

このように、主語が単数形の場合、話法の助動詞は元の形から少し変化します。そして、主語が一人称単数形 ich と三人称単数形 er/sie/es/ 固有名詞の時で、話法の助動詞の形が一致するのが特徴です。

Ich kann Japanisch **sprechen**.　　私は日本語を話すことができる。

> dürfen と müssen は否定を表す語と一緒に用いられる場合、注意が必要です！

Darf ich hier **rauchen**?　ここでタバコを吸ってもよいですか？（許可）

-Nein, Sie dürfen hier nicht **rauchen**.　いいえ、ここでタバコを吸ってはいけません。（禁止）

Du musst heute **arbeiten**.　君は今日働かなくてはならない。（必要）

Du musst heute nicht **arbeiten**.　君は今日働く必要はない。（不必要）

このように、話法の助動詞とともに用いると、**本動詞は不定詞に戻って文末に置かれます**。話法の助動詞と本動詞で、他の文成分を囲む「枠構造」をとります。

練習問題 1 （　）内の話法の助動詞を用いて、次の文章を書き換えましょう。

① Es ist so.（mögen）

_____

② Sie nimmt die Tabletten.（sollen）

_____

③ Machst du heute Hausaufgaben?（müssen）

_____

④ Er spricht fließend Deutsch.（können）

_____

⑤ Ich trinke ein Glas Wein.（möchte）

_____

2 未来を表す助動詞　werden 🎧30

例えばmorgen（明日）、nächste Woche（来週）など未来の事象については、現在形を使って述べることができます。そのうえで、助動詞werdenを使うと、不測の未来に関して**推測**のニュアンスが文章に付与されることになるのです。また、本動詞は文中で不定詞に戻り、文末に配置されます。なお、werdenの変化はLektion 3で出てきたとおりです。

Nächstes Jahr werde ich in Deutschland studieren.　来年私はドイツで勉強するだろう。
Er wird wohl noch zu Hause sein.　　　　　　　　　彼はおそらくまだ家にいるだろう。

主語がduやihrなどの親称二人称の場合、未来を表す助動詞werdenとともに、助言めいた命令を表現することがあります。

Du wirst nicht gehen.　　君は行かないだろうね。

練習問題 2 次の文章に未来を表す助動詞werdenを入れて書き換えましょう。

① Wir reisen. _____

② Ihr tanzt. _____

③ Du schläfst. _____

🎧 31 ③ **使役の助動詞 lassen**

「誰々を何々に従事させる」という意味で、人の４格と本動詞と共に用います。

Mein Vater lässt mich **zum Arzt gehen.**   父は私を医者に行かせる。
Ich lasse ihn **schlafen.**   私は彼を寝かせる。

命令形として用いると次のようになります。
Lassen Sie mich von Ihnen hören.   （Sie に対する命令形）ご連絡ください。（私にあなたについて聞かせてください。）

Lass uns **etwas tun!**   （du に対する命令形）私たちに何かさせてよ！

練習問題 **3**　与えられた単語を用いて、日本語訳にあうような文章を組み立てましょう。単語は適宜変化させてください。

①　_____

[ich / lassen / in Ruhe]
私を放っておいて！

②　_____

[wir / lassen / unser Sohn / nicht / fernsehen]
私たちは息子にテレビを見させない。

🎧 32 ④ **知覚動詞**

sehen（見る）やhören（聞く）など、知覚に関する動詞も、４格の名詞と動詞の不定詞とともに用いて、「～が…するのを見る、聞く」と表現することができます。

Ich sehe ihn **durch den Wald laufen.**   私は彼が森を駆けて行くのを見る。
Wir hören ein Kind **weinen.**   私たちは子どもの泣き声を聞く。

練習問題 **4**　与えられた単語を用いて、日本語訳にあうような文章を組み立てましょう。単語は適宜変化させてください。

①　_____

[du / singen / draußen / ich / hören]
私は君が外で歌っているのを聞く。

②　_____

[wir / sehen / gerne / sie / lächeln]
私たちは彼女が微笑んでいるのを見るのが好きだ。

5 従属の接続詞 🎧33

二つの文章を関連づけてつなげるための接着剤の役割を果たす語を、「従属の接続詞」といいます。文章全体の核となる文は「主文」、その主文との関係性において述べられる文は「副文」と呼ばれ、従属の接続詞は副文の先頭に置かれます。少しずつ覚えていきましょう。

従属の接続詞

dass 〜ということ **ob** 〜かどうか **obwohl** 〜にもかかわらず

wenn もし〜なら、〜の時はいつも **während** 〜する間 **bevor** 〜する前に

bis 〜するまで **seitdem** 〜して以来 **sobald** 〜してすぐ **weil** なぜなら

als 〜した時（過去のある時点）

Ich **weiß,** dass er heute nicht kommt . 　私は彼が今日来ないことを知っている。

　主文： Ich weiß.（私は知っている。）

　副文： Er kommt heute nicht.（彼は今日来ない。）

Weißt du, ob sie krank ist ? 　　　　　　彼女が病気かどうか、君は知っている？

　主文： Weißt du?（君は知っている？）

　副文： Sie ist krank.（彼女は病気だ。）

Wenn das Wetter schön ist , **spielen** wir immer Fußball.

　　　　　　　　　　　　　　天気が良い時は、私たちはいつもサッカーをする。

　主文： Wir spielen immer Fußball.（私たちはいつもサッカーをする。）

　副文： Das Wetter ist schön.（天気が良い。）

従属の接続詞を使う場合は、特に副文内の語順に注意しましょう。副文では、本来定動詞第二位の位置にある動詞が文末に移動します。また、副文が先行する場合、文章全体の一番目の文成分となるため、次に来る主文内で動詞は先頭に移動します。

練習問題 5 従属の接続詞を加えて、二つの文章を意味が通じるようにつなげましょう。

① Ich fahre mit dem Bus zur Uni. Es regnet stark.

　　　　　　　　　　　　雨が強く降っている時は、バスで大学に行く。

---

② Maria geht ins Kino. Sie hat morgen eine Prüfung.

　　　　　　　　　　　明日試験があるにもかかわらず、マリアは映画を観に行く。

---

③ Bleiben Sie bitte hier. Er kommt nach Hause.

　　　　　　　　　　　彼が帰宅するまでここにいてください。

Übung 5

I （　）内の話法の助動詞を適切な形にして入れなさい。

1）　Wir _____ Tennis spielen. (möchte)

2）　Peter _____ heute nicht zur Schule kommen. (müssen)

3）　_____ Maria das Buch lesen? (können)

4）　Ich _____ nach Deutschland fahren. (wollen)

5）　Du _____ die Tabletten nehmen. (sollen)

II 使役の助動詞 **lassen** を適切な形にして入れ、日本語に訳しなさい。

1）　Sie _____ den Sohn alleine zur Schule gehen.　(sie: 彼女は)

　　日本語訳：

2）　_____ mich bitte das Fahrrad benutzen!　(ihr に対して)

　　日本語訳：

3）　_____ mich in Ruhe!　(du に対して)

　　日本語訳：

4）　Der Chef _____ die Mitarbeiter Überstunden machen.

　　日本語訳：

III 日本語にあうように与えられた単語を並べ変えなさい。単語は適切な形に直すこと。

1）　天気が良い時はいつも、鳥たちが歌っている。

[wenn / die Vögel / singen / das Wetter / sein / schön]

_____

2）　彼は子どもたちが遊んでいるのを見ている。[sehen / er / die Kinder / spielen]

_____

3）　あなたは彼女が叫んでいるのが聞こえますか？

[hören / können / sie / Sie / schreien]

_____

初級者に優しい独和辞典

初級者に優しい独和辞典

初級者に優しい
独和辞典

早川東三＋伊藤眞＋Wilfried Schulte[編]

Wörterbuch
Deutsch leicht gemacht

増補改訂版

ご好評につき、
コラムや関連語などを刷新！
ドイツ国内事情や数字データも
最新のものに更新！

❶ ドイツの若者がよく使う口語表現をていねいに
示してあります。

❷ 読み・発音をわかりやすく表示しました。z.B.（も

見やすくたのしい エ夫がいっぱい

内容見本

絵で見る ドイツ単語

絵で見るドイツ単語 Bahnhof

① der Bahnsteig ……プラットホーム．
② das Gleis …… …番線．
③ die Schiene 線路．
④ der Zug 列車．
⑤ der Zugbegleiter, die Zugbegleiterin列車乗務員．
⑥ der Bahnmitarbeiter, die Bahnmitarbeiterin 駅職員，鉄道社員．
⑦ der Fahrkartenautomat 券売機．
⑧ der Fahrplan 運行時刻表．
⑨ die Information 案内所．
⑩ der Entwerter 自動改札機．
⑪ das Schließfach コインロッカー．
⑫ der Kiosk キオスク．
⑬ der Imbiss 軽食〈スタンド〉．

Einmal Bonn einfach (hin und zurück), bitte!
（1区片を買うときに）ボンまで片道（往復）一枚ください．
die erste[zweite] Klasse
一〔二〕等．
der [Sitz]platz 席席．
die Sitzplatzreservierung
座席予約．
der Großraumwagen（コンパートメントではない）開放座席車．
das Abteil コンパートメント．
die Ankunft 到着．
die Abfahrt 出発．
die Verspätung 遅れ．
der Zuschlag 割増料金；特急券．

関連語をディスプレイ

絵 話 Internet

インターネット．

die E-Mail Eメール．
die E-Mail-Adresse Eメールアドレス．
die Mailbox メールボックス．
die Homepage ホームページ．
die Website ウェブサイト．
die URL URL（ほ…ー）．
das Passwort パスワード．
surfen ネットサーフィンする．
suchen 検索する．
chatten チャットする．
downloaden ダウンロードする．

ドイツ語特有の

dünsten

*ん．

Dur [ドゥーア] 中─ （【楽】長調．D-Dur ニ長調．

durch [ドゥルヒ] **1** 前 《4 格支配》
① 〔通過〕…を通って，通り抜けて．durch das ……を通って，通り，通り抜ける．**¶**〔通過〕…を通って，通り抜ける．die Tür (die Wand) ドアを通って（壁越しに）．〔手段・出来事作用主〕…によって；…のおかげで．durch ein Erdbeben (Spezialisten) 地震のおかげで（専門家の手で．**¶**〔割って〕地震の．8 〔geteilt〕durch 2 ist 4. 8割る2は4．**【時間】**…の間．durch das ganze Jahr 一年を通して〔抜け〕．**2** 副 通り過ぎて（抜けて）．過ぎ去って．**¶** durch und durch すっかり；充分な分が通り過ぎて；充分な分が過ぎて．**◆** lassen Sie mich mal [bitte] durch 私をちょっと通してください．

²durch- [ドゥルヒ] *働* にはアクセントをもち分離動詞をつくる 2回つづりの通過〕durch|fahren 通り抜ける．**【切断】**durch|schneiden 断ち切る．**【強力】**durch|atmen 深呼吸する．**【やり上げる】**durch|lesen 読み通す．

durch- [ドゥルヒ] 《常にアクセントをもち非分離動詞をつくる 2回つづりの通過〕durch|fahren 通り抜ける．**【切断】**durch|schneiden 断ち切る．手非分離動詞をつくる 2過〕durch|fahren 〔物や物を通過する．**【分野】**durch|suchen 徹底的に調べる．

durch-atmen [ドゥルヒアートゥメン] 動 深呼吸する．

durch-aus [ドゥルヒ・アオス，ドゥルヒ・アオス] 副 まったく，すっかり；全く決

② [人]du brichst durch, er bricht durch; brach durch, durchgebrochen 圏 **1** 二つに折る（割れる）．**2** (s) 二つに折れる（割れる）．

²durch-brechen [ドゥルヒ・ブレヒェン] du durchbrichst, er durchbricht; durchbrach, durchbrochen 圏 突破する；破る．**¶**権利を通る；（法律・規則を）破る，〔物の〕壁を破る．

durch-einander [ドゥルヒ・アイナンダー] **1** 圏 〔相互に〕一緒くたに乱れていて，ごちゃごちゃ．**¶** Alle redeten durcheinander. 皆が入り乱れてしゃべった．**2** 〔中 〔ドゥルヒ・アイナンダー〕囲ー 無秩序な状態〕．

¹durch-fahren* [ドゥルヒ・ファーレン] du fährst durch, er fährt durch; fuhr durch, durchgefahren 圏 (s) 〔乗り物で〕通り抜ける；通過する．**¶Fahren wir durch den nächsten Ort durch?** 次の村は通り抜けましょうか．

²durch-fahren* [ドゥルヒ・ファーレン]du durchfährst, er durchfährt; durchfuhr, durchfahren 圏 〔物や物を〕通る；貫く．**¶Unser Zug durchfuhr einen Tunnel nach dem anderen.** われわれの乗った列車は次から次へとトンネルを通り抜けた．**Durch-fahrt** [ドゥルヒ・ファールト] 囡 ─/─en 通り抜け道；出入り口．**¶Durchfahrt bitte frei lassen!** 出入口につき駐車禁止！

Durch-fall [ドゥルヒ・ファル] 團 ─[e]s /Durch-fälle [ドゥルヒ・フェレ] 下痢；落第，落選．**¶** Sie hat starken Durchfall. 彼女はひどい下痢をしている．

今ドイツ人が
日常使っている
言葉で学ぶ学習辞典

増補
改訂版

朝日出版社

単語を引くだけじゃもったいない！
読んで面白い独和辞典

④ コンピューター用語も豊富に採り入れ、スイス
やオーストリアドイツ語も収録してあります。

⑤ 間違い易く理解しにくいドイツ語特有の文法
は、フランクな語り口のコラムでやさしく説明
されています。

⑥ 文字の説明だけでは判りにくい単語には、イラ
ストを添えました。

⑦ ドイツ連邦共和国で実施されるドイツ語検定に
必要な語彙もすべて含まれています。

添えました。

早川東三＋伊藤眞＋Wilfried Schulte＝著
B6変型判/750頁/2色刷/発音カナ表記/見出し語15,000
定価3,080円[本体2,800円＋税10%]

今ドイツ人が日常使っている
言葉で学ぶ学習辞典

朝日出版社

Kitas und Kindergärten in Deutschland

ドイツの保育所、幼稚園

🎧 34

In Deutschland gibt es für Kinder im Alter von 3 bis 6 Jahren Kindertagesstätten (Kita) und Kindergärten. Der Besuch ist freiwillig, aber viele Eltern nutzen diese Einrichtungen, um ihre Kinder während des Tages betreuen zu lassen.

In der Regel sind die Öffnungszeiten der Kitas und Kindergärten von montags bis freitags und dauern etwa 8 Stunden am Tag. Die Kosten variieren je nach Region und Einkommen der Eltern, jedoch gibt es staatliche Zuschüsse für Familien mit niedrigem Einkommen.

Die Betreuung erfolgt durch ausgebildete Fachkräfte, wie Erzieherinnen und Erzieher.

日本の保育所・幼稚園事情はどうでしょうか？
みんなで話し合ってみましょう。

複合動詞（分離動詞、非分離動詞）
再帰動詞（再帰代名詞）

 **1 複合動詞**

例えば次のような動詞を複合動詞と言います。

ankommen 到着する

bekommen 手に入れる

kommen という基礎動詞に、それぞれ **an-** と **be-** というパーツが付いて、違う意味になっています。この先頭のパーツを「**前つづり**」と呼びます。

Ich komme bald in Berlin an. 　　　私はもうすぐベルリンに到着する。

Er bekommt einen Preis. 　　　彼は賞を授かる。

ankommen のように、前つづりが文中で離れる動詞を「**分離動詞**」、離れずにひとまとまりで使う動詞を「**非分離動詞**」と言います。辞書などでは、分離動詞は前つづりと後ろの基礎動詞の間に「|」が引いてあることが多いです。

● **分離動詞**

auf|stehen 起床する　an|kommen 到着する　ein|steigen 乗車する

分離動詞は必ず**前つづりにアクセント**がつきます。前つづりは様々な種類があるので、少しずつ覚えていきましょう。文中に用いられると、前つづりは切り離されて文末に移動します。後ろの基礎動詞の部分は主語に合わせて人称変化し、また動詞として所定の位置に配置されます。

平叙文　Er steht jeden Tag früh auf. 　　　彼は毎日早く起床する。

疑問文　Steht er jeden Tag früh auf? 　　　彼は毎日早く起床しますか？

命令文　Stehen Sie jeden Tag früh auf! 　　　毎朝早く起床してください！

注目！ 分離動詞が**分離しない**パターンを学びましょう。

助動詞とともに用いる：分離せずに不定詞の形をとって文末に移動する。

Er **muss** jeden Tag früh **aufstehen**. 　　　彼は毎日早く起床しなければならない。

副文内：分離せず文末に移動。基礎動詞の部分のみ副文内の主語にあわせて人称変化する。

Weißt du, **ob** er jeden Tag früh **aufsteht**? 　　　彼が毎日早く起床しているかどうか、君は知っている？

練習問題 **1** 次の分離動詞の意味を調べて、空欄に書き込み、さらに①〜⑥の文を完成
させましょう。

aus|steigen _____ 　　um|steigen _____ 　　mit|kommen _____
zurück|kommen _____ 　　an|rufen _____ 　　ein|laden _____

① Hier _____ wir _____ . 　　ここで私たちは降車します。

② Wir gehen ins Kino. _____ du _____ ?
　　　　　　　　　　　　　　私たちは映画を観に行くんだ。君も一緒に来るかい？

③ Wo sollen wir _____ ? 　　私たちはどこで乗り換えるべき？

④ Er _____ sofort _____ . 　　彼はすぐに戻ってきます。

⑤ Lisa, _____ mich heute Abend wieder _____ ! 　　リサ、私に今晩また電話して！

⑥ Ich verspreche Ihnen, dass ich Sie zum Party _____ .
　　　　　　　　　　　　　　私はあなたをパーティーに招待すると約束しますよ。

● **非分離動詞**

非分離動詞を作る前つづりには、例えば次のものがあります。非分離動詞を発音する際には、
前つづりではなく、基礎動詞にアクセントを置きます。

be-: besuchen 訪れる　　**ent-**: entdecken 発見する　　**er-**: erreichen 到着する
ge-: gewinnen 勝つ　　**miss-**: missbrauchen 濫用する　　**ver-**: verstehen 理解する
zer-: zerstören 破壊する　　など。

練習問題 **2** 文章中の非分離動詞を見つけて下線を引き、意味を調べてみましょう。

① Das verstehe ich leider nicht. Kannst du mir erklären, warum er heute uns nicht
besuchen kann?

　　非分離動詞：

② Hallo, darf ich dich jetzt stören? – Tut mir leid! Jetzt habe ich leider keine Zeit. Ich
muss mich beeilen. Aber ich verspreche dir, dass ich dich später anrufe!

　　非分離動詞：

● **分離動詞と非分離動詞を作る前つづり**

前つづりの中には、分離動詞にも非分離動詞にも付くものがあり、一見同じつづりでも全く
意味が異なる場合があるので、辞書で調べましょう。

durch-, hinter-, über-, um-, unter-, voll-, wider-, wieder-

例：durch|bringen（糸などを）穴に通す　　durchbringen（ある時間を）過ごす
　　über|geben 掛けてやる　　übergeben 委ねる

練習問題 **3** 次の文章内から本動詞を見つけて不定詞に直し、日本語に訳しましょう。

① Der Zug unterfährt die Brücke.　不定詞：

　　訳

② Sehen wir uns bald mal wieder!　不定詞：

　　訳

③ Ich werde dir die Leitung übergeben.　不定詞：

　　訳

2　再帰動詞

主語自身 を対象とする動詞を**再帰動詞**といいます。次の例文を見てください。

Er setzt ihn auf den Stuhl.　　　彼は彼を椅子に座らせる。※ 座らせる人物は主語の「彼」とは異なる。

Er setzt sich auf den Stuhl. 彼は彼自身を椅子に座らせる。＝ 彼は椅子に座る。

このような場合、主語と同一であることを表す代名詞が必要となり、これを**再帰代名詞**と言います。すなわち、再帰動詞とは再帰代名詞と共に用いる動詞のことを指します。

● **再帰代名詞**

主語	ich	du	er/sie/es	wir	ihr	sie/Sie*
3格	mir	dir	**sich**	uns	euch	**sich**
4格	mich	dich	**sich**	uns	euch	**sich**

★主語がSie（あなた、あなたたち）の場合、再帰代名詞はsichとなり、語頭のsは小文字で書きます。

再帰代名詞は動詞の対象を表すため、目的語になる3格と4格しか存在しません。人称代名詞の格変化とほぼ一致しますが、三人称を表す再帰代名詞**sich**は初出ですので覚えましょう。辞書や参考書などでは次のように記載されていることが多いです。

例：**sich⁴ über 4格 freuen**　…を喜ぶ

　　　Ich freue mich über unser Wiedersehen.　私は再会を喜ぶ。

　　　※ freuen は再帰動詞で、必ず4格の再帰代名詞、そして前置詞 über と一緒に用いる。

　　sich³ 4格 vor|stellen　…を想像する

　　　Ich stelle mir die Zukunft vor.　私は将来を想像する。

　　　※ vor|stellen は分離動詞かつ再帰動詞で、必ず3格の再帰代名詞と一緒に用いる。

注目！ 再帰動詞の中には特定の**前置詞と共に**熟語表現を作るものもあります。主要な表現は
覚えていきましょう。

sich⁴ auf $\boxed{4格}$ freuen　　…を楽しみにしている
sich⁴ für $\boxed{4格}$ interessieren　…に興味を持っている

練 習 問 題 4 （　）内の再帰動詞を用いて、文全体を書き直しましょう。

① Ich (sich⁴ freuen) auf das Wochenende.　　私は週末が楽しみです。

_____

② Er (sich⁴ vor|bereiten) auf die Prüfung.　　彼は試験に備えて準備する。

_____

③ Wir (sich⁴ beeilen) zum Flughafen.　　私たちは空港に急ぎます。

_____

④ Sie (sich³ vor|stellen) als Schauspielerin.　彼女は自らを女優であると想像している。

_____

⑤ Bitte kommen Sie herein und (sich⁴ setzen)!

どうぞお入りください、そしてお座りください！

_____

Lektion 6

Übung 6

Ⅰ （　）内の分離動詞を適切な形にして書き、日本語に訳しなさい。

1）Ich _____ um 7 Uhr _____. (aufstehen)

日本語訳：

2）Der Bus _____ um 9 Uhr _____. (abfahren)

日本語訳：

3）Wir _____ um 20 Uhr _____. (ankommen)

日本語訳：

4）Die Kinder _____ ihre Hausaufgaben _____. (abgeben)

日本語訳：

5）Er _____ das Fenster _____. (aufmachen)

日本語訳：

Ⅱ 日本語訳を参考に、適切な非分離動詞を下線部に書きなさい。

非分離動詞： beginnen　verpassen　bekommen　verstehen

1）Ich kann sie nicht _____.　　私は彼女のことを理解できない。

2）Der Sommersemester _____ im April.　夏学期は４月に始まる。

3）Ihr _____ den Bus.　　君たちはバスを逃す。

4）Anna _____ das Auto.　　アンナはその車を手に入れる。

Ⅲ （　）内の再帰動詞を適切な形にして一つ目の下線部に入れ、二つ目の下線部には再帰代名詞を書きなさい。

1）Ich _____ _____ auf das Wochenende. (freuen)

2）Sie _____ _____ die Haare. (waschen) (sie: 彼女は)

3）Die Tür _____ _____. (schließen)

4）Er _____ _____ glücklich. (fühlen)

5）Du _____ _____ über die Party. (freuen)

Das Gesundheitssystem in Deutschland

ドイツで病気になったらどうするの？

🎧 37

In Deutschland gibt es ein umfassendes Gesundheitssystem, das eine hohe Qualität der medizinischen Versorgung gewährleistet. Wenn man in Deutschland krank wird, sollte man seinen Hausarzt aufsuchen. Es ist am besten, einen Termin zu vereinbaren, aber in dringenden Fällen kann man auch ohne Voranmeldung in eine Praxis gehen. Für Notfälle gibt es spezielle Notaufnahmen in Krankenhäusern, die rund um die Uhr geöffnet sind. Die Kosten für medizinische Behandlungen werden größtenteils von der Krankenversicherung übernommen. Private Krankenversicherungen sind ebenfalls verfügbar und decken umfangreichere medizinische Maßnahmen ab.

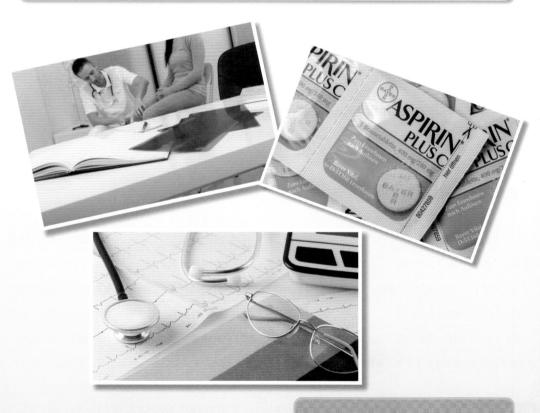

具合が悪い時はどうしますか？
みんなで話し合ってみましょう。

形容詞の格語尾変化、形容詞の名詞化
動詞の３基本形

38 | 1 | 形容詞の格語尾変化

形容詞の用法には以下の三つがあります。

述語的用法	Er ist **jung**.	彼は若い。
副詞的用法	Er steht **früh** auf.	彼は早く起床する。
付加語的用法	Er hat ein **neu**es Auto.	彼は新車を一台所有している。

> 複雑ですが頑張って！

補語として機能する述語的用法、副詞として機能する副詞的用法、そして後ろの名詞を説明する付加語的用法です。「付加語的用法」の際には、形容詞はもとの形に加えて、**後ろにくる名詞の「性・数・格」、「冠詞の有無」** を表す特定の語尾を要します。形容詞の格語尾変化のパターンは以下の三つに分けられます。

Hund（男性名詞、単数形）

① **強変化**：無冠詞＋形容詞＋名詞　　gro**ßer** Hund　大きい犬

② **弱変化**：定冠詞(類)＋形容詞＋名詞　der gro**ße** Hund　その大きい犬

dieser gro**ße** Hund　この大きい犬

③ **混合変化**：不定冠詞(類)＋形容詞＋名詞　ein gro**ßer** Hund　一頭の大きい犬

mein gro**ßer** Hund　私の大きい犬

> 一番変化が激しい！

① **強変化**：無冠詞＋形容詞＋名詞

	男性名詞 背の高い男性	女性名詞 若い女性	中性名詞 小さな子ども	複数名詞 小さな子どもたち
1格	gro**ßer** Mann	jung**e** Frau	klein**es** Kind	klein**e** Kinder
2格	gro**ßen** Mann**es**	jung**er** Frau	klein**en** Kind**es**	klein**er** Kinder
3格	gro**ßem** Mann	jung**er** Frau	klein**em** Kind	klein**en** Kinder**n**
4格	gro**ßen** Mann	jung**e** Frau	klein**es** Kind	klein**e** Kinder

※定冠詞の格変化と似ていますが、男性名詞2格と中性名詞2格の時は「-es」ではなく、「-en」になるので注意が必要です。

練習問題 1 （　）内の形容詞を適切な形にして下線部に書き込みましょう。

① ＿＿＿＿＿＿＿ Auto (schnell)　　② ＿＿＿＿＿＿＿ Blume (rot)

③ ＿＿＿＿＿＿＿ Häuser (alt)　　④ ＿＿＿＿＿＿＿ Vögel (klein)

② **弱変化：**定冠詞（類）+ 形容詞 + 名詞　　語尾パターンは二種類だけ！

	男性名詞 その背の高い男性	女性名詞 その若い女性	中性名詞 その小さな子ども	複数名詞 その小さな子どもたち
1格	der groß**e** Mann	die jung**e** Frau	das klein**e** Kind	die klein**en** Kinder
2格	des groß**en** Mann**es**	der jung**en** Frau	des klein**en** Kind**es**	der klein**en** Kinder
3格	dem groß**en** Mann	der jung**en** Frau	dem klein**en** Kind	den klein**en** Kinder**n**
4格	den groß**en** Mann	die jung**e** Frau	das klein**e** Kind	die klein**en** Kinder

練習問題 **2** （　）内の形容詞を適切な形にして下線部に書き込みましょう。

① Der _____ Hund (groß) rennt über die _____ Wiese (grün).

② Die _____ Blume (schön) steht in dem _____ Topf (blau).

③ **混合変化：**不定冠詞（類）+ 形容詞 + 名詞　　情報が足りない箇所を補おう！

	男性名詞 ある背の高い男性	女性名詞 ある若い女性	中性名詞 ある小さな子ども	複数名詞 私の小さな子どもたち
1格	ein groß**er** Mann	eine jung**e** Frau	ein klein**es** Kind	meine klein**en** Kinder
2格	eines groß**en** Mann**es**	einer jung**en** Frau	eines klein**en** Kind**es**	meiner klein**en** Kinder
3格	einem groß**en** Mann	einer jung**en** Frau	einem klein**en** Kind	meinen klein**en** Kinder**n**
4格	einen groß**en** Mann	eine jung**e** Frau	ein klein**es** Kind	meine klein**en** Kinder

練習問題 **3** （　）内の形容詞を適切な形にして下線部に書き込みましょう。

① Das Kind spielt mit einem _____ Ball im Park. (bunt)

② Die Frau trägt ein _____ Hemd. (schön)

③ Hier gibt es einen _____ Supermarkt. (groß)

④ Wo sind meine _____ Kinder? (lieb)

練習問題 **4** 次の文章を読み、**付加語的用法の形容詞**に下線を引き、分析してみましょう。

① Es ist ein kalter Tag und der windige Himmel ist grau.

② Ein kleines Mädchen spielt mit ihrem hungrigen Hund.

② 形容詞の名詞化

付加語的用法の形容詞を名詞化し、「〜という人」「〜というもの（こと）」など、ある性質をもつ人物や事物を表現することができます。形容詞の語頭を大文字にすると、名詞になります。

「〜という人」

	男性 ドイツの（男性）	女性 ドイツの（女性）	複数 ドイツの（人たち）
不定冠詞（類）	ein deutscher Mann = ein **Deutscher**	eine deutsche Frau = eine **Deutsche**	deutsche Leute = **Deutsche**
定冠詞（類）	der deutsche Mann = der **Deutsche**	die deutsche Frau = die **Deutsche**	die deutschen Leute = die **Deutschen**

「〜というもの（こと）」

	中性	
etwas 何か	etwas **Neues**	何か新しいこと
nichts 何も〜ない	nichts **Besonderes**	何も特別なことはない
viel たくさんの	viel **Schönes**	たくさんのすばらしいこと

練習問題 5 指示に従い、（　）内の形容詞を名詞化しましょう。

① その患者（女性）［定冠詞を付けて］＿＿＿＿＿＿＿＿＿＿＿＿＿（krank）

② とある老人（男性）［不定冠詞を付けて］＿＿＿＿＿＿＿＿＿＿＿（alt）

練習問題 6 **練習問題 5** を参考に、形容詞を名詞化して下線部に書き込みましょう。

① Ich bringe ＿＿＿＿＿＿ einen Blumenstrauß.　私はその女性患者に花束を持っていく。

② Ich sehe ＿＿＿＿＿＿ laufen.　　　　　　私はとある老人が走っているのを見る。

③ 動詞の３基本形  40

これまで動詞の現在形について学んできました。次の課からいよいよ過去の時制を学んでいきます。そのために、さまざまな時制を作るための ベース となる動詞の三つの基本形を覚えておきましょう。

動詞の３基本形

	不定詞 **語幹 -en**	過去基本形 **語幹 -te**	過去分詞 **ge- 語幹 -t**
規則変化動詞	mach**en** 作る	mach**te**	**ge**macht
	lern**en** 学ぶ	lern**te**	**ge**lernt
	sag**en** 言う	sag**te**	**ge**sagt
語幹の最後が -t,d など	arbeit**en** 働く	arbeit**ete**	**ge**arbeit**et**
不定詞の語尾 -ln, -rn	wechsel**n** 変える	wechsel**te**	**ge**wechsel**t**
分離動詞	an|mach**en** つける	mach**te**...an 前つづりは分離する。	an**ge**macht 基礎動詞の部分を過去分詞にする。元々の前つづりは先頭のまま。
非分離動詞	erlern**en** 習得する	erlern**te**	erlern**t** 前つづりと基礎動詞の間には何も入れることができないため、ge- という接頭辞がつかない。
不定詞の語尾 -ieren	studier**en** 専攻する	studier**te**	studier**t** 接頭辞 ge- をつけない特殊事例。
不規則変化動詞	gehen 行く	**ging**	**gegangen**

現在形は不定詞を変化させて作りました。過去を表現するためには、「過去形」「完了形」という文法事項を学ぶ必要があり、それぞれ動詞を「過去基本形」や「過去分詞」に変形して、活用していきます。

練習問題 7 次の動詞の過去基本形、過去分詞を調べましょう。

不定詞　　　　過去基本形　過去分詞　　　不定詞　　　　　過去基本形　過去分詞

① reisen　　　　　　　　　　　　　② wohnen

③ kopieren　　　　　　　　　　　④ verstehen

⑤ essen　　　　　　　　　　　　⑥ an\|kommen

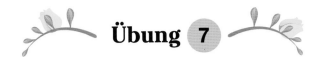

Übung 7

Ⅰ ( ) 内の形容詞を適切に変化させて、下線部に書きなさい。

1) Er ist ＿＿＿＿＿ Student. (gut)

2) Ich kaufe ein ＿＿＿＿＿ Auto. (neu)

3) Ich wohne in diesem ＿＿＿＿＿ Haus. (alt)

4) Sie trägt eine ＿＿＿＿＿ Brille. (schön)

5) Das ist doch ein ＿＿＿＿＿ Problem. (klein)

6) Herr Schmidt hat eine ＿＿＿＿＿ Uhr. (teuer)

7) Ich schenke dir dieses ＿＿＿＿＿ Buch. (interessant)

Ⅱ 日本語訳を参考にして、( ) 内の形容詞を名詞化しなさい。

1) Das ＿＿＿＿＿ an dieser Stadt ist der Park. (schön)
   この町の美点はこの公園だ。

2) Der Großvater erzählt oft von dem ＿＿＿＿＿. (vergangen)
   祖父はしばしば過ぎ去りしことについて教えてくれる。

3) Wir müssen uns um die ＿＿＿＿＿ kümmern. (alt)
   私たちは老人たちの世話をしなければならない。

4) Die Kinder lernen viel ＿＿＿＿＿. (neu)
   子どもたちは多くの新しいことを学ぶ。

5) Ich zeige der ＿＿＿＿＿ den Weg zum Restaurant. (deutsch)
   私はそのドイツ人の女性にレストランへの道を示す。

Ⅲ 次の動詞の過去基本形と過去分詞を書きなさい。

不定詞	過去基本形	過去分詞
sprechen		
fahren		
trinken		
ein|steigen		
fotografieren		
vergessen		

Das Leben in Deutschland

ドイツで暮らす

🎧 41

Das Leben in Deutschland bietet viele Möglichkeiten und eine hohe Lebensqualität. Die Gesellschaft ist geprägt von einer starken Wirtschaft, einem guten Bildungssystem und einer reichen Kultur. Es gibt viele Städte mit historischen Sehenswürdigkeiten, Museen und kulturellen Veranstaltungen sowie eine vielfältige Natur und Landschaften. Das öffentliche Verkehrssystem ist gut ausgebaut und die Infrastruktur ist modern. Die Menschen in Deutschland sind freundlich und hilfsbereit, und es gibt eine hohe Toleranz für verschiedene Lebensstile und Kulturen. Es gibt jedoch auch Herausforderungen, wie zum Beispiel hohe Lebenshaltungskosten in den Großstädten und eine wettbewerbsorientierte Arbeitswelt. Dennoch bietet das Leben in Deutschland viele Chancen und Möglichkeiten für ein erfülltes Leben.

海外で暮らす上で心配なことはありますか？みんなで話し合ってみましょう。

過去人称変化
完了形（現在完了形、過去完了形、未来完了形）

42 **1** 過去人称変化

前課で「動詞の3基本形」について学びました。このうち、文章を「過去形」にする場合は「過去基本形」をベースにして人称変化させていきます。過去形は、ニュースや物語など、過去の事象を客観的に述べる際に使われることが多いです。

	machen する、作る	**arbeiten** 働く	**wechseln** 変える	**erlernen** 習得する
ich	**machte**	**arbeitete**	**wechselte**	**erlernte**
du	**machte**st	**arbeitete**st	**wechselte**st	**erlernte**st
er/sie/es	**machte**	**arbeitete**	**wechselte**	**erlernte**
wir	machten	arbeiteten	wechselten	erlernten
ihr	machtet	arbeitetet	wechseltet	erlerntet
sie/Sie	machten	arbeiteten	wechselten	erlernten

	gehen 行く	**an|machen** つける	**auf|stehen** 起床する
ich	**ging**	**machte...an**	**stand...auf**
du	**ging**st	**machte**st...an	**stand**est...auf
er/sie/es	**ging**	**machte**...an	**stand**...auf
wir	gingen	machten...an	standen...auf
ihr	gingt	machtet...an	standet...auf
sie/Sie	gingen	machten...an	standen...auf

一人称単数形ichと**三人称単数形er/sie/es/固有名詞**を主語にとる場合、「過去基本形」をそのまま使うことができます。その他の主語をとる時は、「過去基本形」にお馴染みの語尾をつけましょう。

sein, haben, werdenは過去形をとることが多いので、しっかり覚えましょう。

	sein	**haben**	**werden**
ich	**war**	**hatte**	**wurde**
du	warst	hattest	wurdest
er/sie/es	**war**	**hatte**	**wurde**
wir	waren	hatten	wurden
ihr	wart	hattet	wurdet
sie/Sie	waren	hatten	wurden

練習問題 **1** 次の文章を過去形に直してみましょう。

① Wo bist du denn? →

② Martin geht zur Schule. →

③ Ich stehe um acht Uhr auf. →

④ Sie versteht das nicht. →

2 現在完了形 🎧43

日常において過去を表現する場合は、現在完了形を用いることが多いです。現在完了形は以下のようにして作ります。

完了の助動詞

| haben あるいは sein ＋ 動詞の過去分詞 |

例）Ich mache die Hausaufgaben. → Ich **habe** die Hausaufgaben **gemacht**.

私は宿題をした。

Er macht die Musik an. → Er **hat** die Musik **angemacht**. 彼は音楽をかけた。

haben あるいは sein が、完了の助動詞として主語に応じた**現在人称変化**をします。過去分詞はそのままの形で、**文末**に置かれるのが特徴です。完了の助動詞は大抵の場合 haben が用いられますが、sein を使うのはどのような場合か、以下で学びましょう。

完了の助動詞に sein を用いる場合 ※全て4格をとらない自動詞

① **場所の移動**　　　Ich **bin** gestern ins Kino **gegangen**. (gehen)

私は昨日映画を観に行った。

Er **ist** gestern nicht **gekommen**. (kommen)

彼は昨日来なかった。

② **状態の変化**　　　Es **ist** warm **geworden**. (werden)

暖かくなった。

Ich **bin** heute um sechs Uhr **aufgestanden**. (auf|stehen)

私は今日6時に起床した。

③ **sein, bleiben など**　Ich **bin** zu Hause **geblieben**. (bleiben)

私は家にいた。

この他、判断が難しい動詞が出てきたら、辞書を引いてみましょう。haben か sein のどちらを用いて完了形を作る動詞であるか、情報が載っています。

練習問題 2 次の文章を現在完了形に直してみましょう。

① Jeden Tag **lernt** er fleißig Deutsch. →

② Was **kochen** Sie für Ihre Kinder? →

③ **Fährst** du nach Deutschland? →

④ Ihr Kind **schläft ein**. →

⑤ Wo **ist** sie während der Pause? →

これまで学んだ文法事項との組み合わせ

話法の助動詞とともに用いる：

Er **muss** damals in Deutschland **gewesen** sein.　彼は当時ドイツにいたに違いない。

Er ist damals in Deutschland gewesen. という現在完了形に、話法の助動詞müssen（〜にちがいない）を加えると、完了の助動詞seinが文末に移動します。

副文内：

Ich habe gehört, **dass** er damals in Deutschland **gewesen ist**.

私は彼が当時ドイツにいたと聞いた。

従属の接続詞dassによって副文になっているため、完了の助動詞seinは主語に応じて人称変化した状態で文末に移動します。

🎧 44 **3** **過去完了形**

過去のある時点より前の事象について述べる場合に使います。

例文：**Als** ich am Bahnhof **angekommen** bin, **hatte** er schon drei Stunden dort
　　　auf mich **gewartet**.　私が駅に着いた時、彼はそこですでに3時間私を待っていた。

① **過去のある時点**：Ich bin am Bahnhof angekommen.　私は駅に着いた。

② **①よりも前の時点**：Er hat schon drei Stunden dort auf mich gewartet.

彼はそこですでに3時間私を待っていた。

完了の助動詞であるhabenやseinを**過去形**にすることで、時差を表現することができます。

練習問題 3 （ ）内の動詞を正しい形にして、完了の助動詞も加えて文章を書き換えてみましょう。

① Als ich gestern ins Kino (kommen), (beginnen) der Film schon.

私が昨日映画館に来た時には、すでに映画は始まっていた。

② Wir (essen) schon zu Abend, als die Gäste (an|kommen).

ゲストたちが到着した時には、私たちはすでに夕食を食べていた。

③ Nachdem ich das Buch (lesen), (verstehen) ich die Handlung besser.

私はその本を読んだ後で、ストーリーをより理解した。

4 未来完了形 45

未来形を表す werden を適用することで、完了形に推測・予測の意味を付け足します。

これから先のことに対する推測

Das Kind ist zu Hause angekommen.　　　　　その子どもは家に着いた。
→ **Das Kind wird in einer Stunde zu Hause angekommen sein.**

その子どもは1時間後には家に着いているだろう。
（1時間後には到着が完了していると予測される）

完了したことへの推測

Er hat schon die Hausaufgaben gemacht.　　　彼はもう宿題をしてしまった。
→ **Er wird schon die Hausaufgaben gemacht haben.** 彼はもう宿題をしてしまっただろう。

練習問題 4 ［　］内の単語を並べ変えて、未来完了形にしてみましょう。

① その荷物は一ヶ月後には自宅に到着しているだろう。

[das Paket / in einem Monat / bei mir / zu Hause / an|kommen / werden / sein]

② 彼女は錠剤をすでに飲んでしまったのだろう。

[die Tabletten / schon / haben / nehmen / werden / sie]

Lektion 8

Übung 8

Ⅰ 次の文章を過去形に直しなさい。

1) Ich gehe jeden Tag zur Schule. →

2) Du trinkst gerne Tee. →

3) Kommen sie pünktlich in Berlin an? →

4) Katrin und Martin verstehen das nicht. →

Ⅱ （　）内の動詞を過去分詞にし、完了の助動詞とともに現在完了形を作りなさい。

1) Gestern _____ ich einen Film _____ . (sehen)

2) Ich _____ mein Zimmer _____ . (auf|räumen)

3) Herr Schmidt _____ in die Stadt _____ . (gehen)

4) _____ du das _____ ? (verstehen)

Ⅲ 日本語の文章にあうように、二つの文章の時制を変え、（　）内の従属の接続詞を使ってつなげなさい。

1) 彼女が到着した時、私はすでにご飯を食べていた。(als: 〜した時)

　　① Sie kommt an.　② Ich esse schon.

2) 私が病気になる前に、私たちは休暇に行っていた。(bevor: 〜する前)

　　① Ich werde krank.　② Wir fahren in den Urlaub.

Ⅳ 日本語の文章にあうように、ドイツ語の時制を変えて書き直しなさい。

1) 明日の夕方までには私たちはこの映画を観終えてしまっているだろう。

　　Bis morgen Abend sehen wir den Film.

2) 2030年には私の博士論文は終わっているだろう。

　　Im Jahr 2030 schließe ich meine Doktorarbeit ab.

Religionsfreiheit
信仰の自由

In Deutschland herrscht Religionsfreiheit. Das bedeutet, dass jeder Mensch das Recht hat, seine Religion frei zu wählen und auszuüben. Die größte Religion in Deutschland ist das Christentum, insbesondere die katholische und evangelische Kirche. Es gibt jedoch auch einige Muslime, Juden, Buddhisten und andere Glaubensrichtungen in Deutschland. Die meisten Menschen in Deutschland sind nicht religiös oder praktizieren ihre Religion nur gelegentlich. Religion in der Gesellschaft wird respektiert, aber es gibt auch eine starke Trennung von Kirche und Staat.

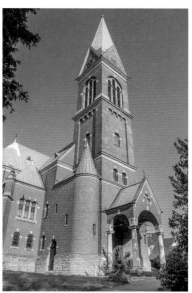

心の支えとは何でしょう？
みんなで話し合ってみましょう。

定関係代名詞、不定関係代名詞
関係副詞

🎧47 ① 定関係代名詞

まず下の二文を見てください。

① **Die Frau** ist meine Nachbarin.　　　　その女性は私の隣人です。
② Ich habe **die Frau** gestern getroffen.　　私はその女性に昨日会いました。

「その女性」という単語をキーワードに、次のように二文をつなげることができます。

①の中に②を組み込む
Die Frau, **die** ich gestern getroffen habe, ist meine Nachbarin.
　　　　　　　　　　②　　　　　　　私が昨日会った女性は私の隣人です。

②の中に①を組み込む
Ich habe **die Frau**, **die** meine Nachbarin ist, gestern getroffen.
　　　　　　　　　　①　　　　　私は隣人の女性に昨日会いました。

主文の中にある**先行詞**に関連付けられる語を**定関係代名詞**と呼び、その定関係代名詞によって導かれる文のことを**関係文**といいます。定関係代名詞の形を決めるのは以下の情報です。

① **性・数**：先行詞による
② **格**：自身が先頭に配置される関係文内における役割による

定関係代名詞

		先行詞			
		男性名詞	女性名詞	中性名詞	複数名詞
関係文内における役割	1格	der	die	das	die
	2格	dessen	deren	dessen	deren
	3格	dem	der	dem	denen
	4格	den	die	das	die

定関係代名詞は先行詞のすぐ後に配置されます。変化は定冠詞のそれと非常に似ていますが、一部異なりますので、上の表で背景に色がついている箇所は特に気をつけましょう。

① **Das Auto** ist sehr teuer.　　その車はとても高い。

② Ich habe **das Auto** gekauft.　私はその車を買った。

「私が買ったその車は高い」という文章にまとめたい場合、①に②を組み込むことになりますが、先行詞はAutoですので、性は中性、格は「その車を買った」なので4格を選びます。すると以下のようになります。

Das Auto, **das** ich gekauft habe, ist sehr teuer.

2格の用法も見てみましょう。

① Mein Lehrer hat **einen Sohn**.　　　　　　　　　私の先生には息子が一人いる。

② Die Freundin **dieses Sohns** kommt aus den USA.　その息子の彼女はアメリカ出身だ。

「私の先生には、アメリカ出身の彼女を持つ息子がいる」という文章にした場合、①に②を組み込みます。先行詞はSohnなので、性は男性、格は「その息子の」なので2格を選びます。

Mein Lehrer hat einen Sohn, **dessen** Freundin aus den USA kommt.

2格の定関係代名詞の直後には名詞が置かれますが、その名詞の性や格に応じて定関係代名詞にさらに語尾は付きません。

● 前置詞と定関係代名詞

Das Buch ist sehr interessant. その本は面白い。

Über das Buch haben wir gestern viel diskutiert.

その本について私たちは昨日たくさん議論した。

Das Buch, über das wir gestern viel diskutiert haben, ist sehr interessant.

このように、定関係代名詞の前に前置詞が置かれることもあります。

練習問題 **1** 定関係代名詞を用いて一つの文にまとめましょう。

① ・Ich kenne den Mann.　・Die Mutter des Mannes ist meine Nachbarin.

② ・Wir sehen eine Katze.　・Die Katze sitzt auf dem Dach.

③ ・Der Film läuft jetzt im Kino.　・Du hast mir den Film empfohlen.

④ ・Das sind die Kinder.　・Mit den Kindern habe ich gestern gesprochen.

2 不定関係代名詞

先行詞を必要とせず、「～するところの人」や「～するところのもの（こと）」を表すものを**不定関係代名詞**と呼び、人の場合は**wer**と、事物の場合は**was**を用います。

		wer	was
関係文内における役割	1格	wer	was
	2格	wessen	wessen
	3格	wem	-
	4格	wen	was

Wer zuletzt lacht, lacht am besten.　最後に笑う者は最もよく笑う。

Was man nicht weiß, macht einen nicht heiß.

知らぬが仏（知らないことは、人を熱くさせない。）

練習問題 2　下線部に適切な不定関係代名詞を入れましょう。

① ＿＿＿＿＿＿ viel reist, lernt neue Kulturen kennen.

たくさん旅行をする人は、多くの文化について知っている。

② ＿＿＿＿＿＿ passiert ist, kann man nicht mehr ändern.

起こってしまったことは、もう変えることができない。

3 関係副詞

先行詞が場所や時間などを表す場合、関係代名詞の代わりに関係副詞が用いられます。副詞なので格変化はありません。

● 先行詞が**場所**を表す場合

Hier ist der Ort, **wo** ich den Mann getroffen habe.

ここが、私がその男に会った場所だ。

Wir fahren in die Schweiz, **woher** unsere Eltern kommen.

私たちは、両親の出身地であるスイスに行く。

● 先行詞が**時間**を表す場合

Ich erinnere mich an den Tag, **wo** ich die Prüfung bestanden habe.

私は試験に受かった日のことを覚えている。

● 先行詞が**理由**を表す場合

Das ist der Grund, warum ich nicht kommen konnte.

これが、私が来ることができなかった理由です。

● 先行詞が**方法・様態**を表す場合

Die Art und Weise, wie sie singt, mag ich nicht.

彼女の歌い方を私は好まない。

練 習 問 題 3 下線部に適切な関係副詞を入れましょう。

① Der Ort, _____ sie wohnt, ist sehr schön.　　彼女が住んでいる場所はとても綺麗だ。

② Ich kenne das Hotel, _____ ich einmal übernachtet habe.

私は一度泊まったことがあるそのホテルを知っている。

③ Das ist die Art, _____ er seine Arbeit erledigt.　これが、彼が仕事を片付けたやり方だ。

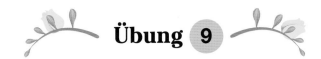

Übung 9

Ⅰ 下線部に適切な定関係代名詞を入れなさい。

1) Die Frau, mit _____ ich im Park gesprochen habe, ist Lehrerin.

2) Das Auto, _____ ich kaufen möchte, ist blau.

3) Der Mann, _____ Tochter Ärztin ist, geht nicht zum Arzt.

4) Die Schülerin, _____ Hausaufgaben immer pünktlich abgibt, bekommt gute Noten.

5) Die Firma, bei _____ ich arbeite, produziert Modeschmuck.

6) Der Film, _____ ich gestern gesehen habe, war sehr spannend.

7) Ich habe gestern das Buch gelesen, _____ mir mein Freund empfohlen hat.

Ⅱ 日本語を参考にして、適切な不定関係代名詞を書きなさい。

1) たくさん働く人はお金も多く稼ぐ。

   _____ viel arbeitet, verdient auch viel Geld.

2) 君が食べたものが健康に影響を与える。

   _____ du isst, beeinflusst deine Gesundheit.

3) 早起きする人は、一日をよりよく使うことができる。

   _____ früh aufsteht, kann den Tag besser nutzen.

4) 彼女が言ったことに私は驚いた。

   _____ sie gesagt hat, hat mich überrascht.

Ⅲ 日本語を参考にして、適切な関係副詞を書きなさい。

1) 昨日私たちがごはんを食べたレストランはとてもよかった。

   Das Restaurant, _____ wir gestern gegessen haben, war sehr gut.

2) これが私がドイツ語を学んだ理由です。

   Das ist der Grund, _____ ich Deutsch gelernt habe.

3) 自分が生まれた場所のことを覚えている？

   Erinnerst du dich an den Ort, _____ du geboren bist?

Sportkultur in Deutschland
ドイツのスポーツ文化

Sport ist in Deutschland ein wichtiger Bestandteil der Kultur und viele Menschen machen regelmäßig Sport. Fußball ist dabei die beliebteste Sportart und hat eine große Bedeutung für die Gesellschaft. Es gibt viele professionelle Fußballklubs in Deutschland und die deutsche Nationalmannschaft hat mehrere Weltmeisterschaften gewonnen. Aber auch andere Sportarten wie Tennis, Leichtathletik und Wintersport sind populär und haben erfolgreiche Athleten hervorgebracht. In Deutschland gibt es viele Sportvereine und Fitnessstudios, die für Menschen jeden Alters und Leistungsstandes zugänglich sind.

好きなスポーツについてみんなで話し合ってみましょう。

形容詞と副詞の比較級・最上級、同等比較
分詞（現在分詞・過去分詞）、zu 不定詞（句）

🎧 ⓵ 形容詞と副詞の比較級・最上級

形容詞や副詞のもとの形のことを**原級**と呼び、それが**比較級・最上級**と変化します。

原級	比較級 ⸛ er	最上級 ⸛ (e)st
schön　美しい	schön**er**	schön**st**
jung　　若い	jüng**er**	jüng**st**
alt　　　古い	**ä**lt**er**	**ä**lt**est**

比較級の例外：原級が -e, -el, -auer, -euer で終わる場合は、比較級の e が落ちる。dunkel（暗い）など
最上級の例外：原級が -d, -t, -s, -ß, -sch, -z などで終わる場合は、最上級が -est になる。süß（甘い）など

比較級・最上級になると、原級の中にある文字がウムラウトに変換される場合もあるので、注意しましょう。

不規則に変化するもの

原級	比較級	最上級
groß　大きい	größer	größt
gut　　良い	besser	best
hoch　高い	höher	höchst
nah　　近い	näher	nächst
viel　　多い	mehr	meist
gern　好んで	lieber	liebst

形容詞の比較級・最上級は付加語的にも使うことができます。Lektion 7 の「形容詞の格語尾変化」を参考にしてください。

mein älterer Bruder　　　　私の兄（より年老いた私の兄弟）
meine jüngere Schwester　私の妹（より若い私の姉妹）

練習問題 **1** 次の形容詞の比較級と最上級を書き込みましょう。

原級		比較級	最上級
schnell	早い		
langsam	ゆっくりな		
klug	賢い		
leicht	軽い		
traurig	悲しい		
stark	強い		

● 比較級・最上級の用法、同等比較

比較：**比較級 als A**　Aより…である

Mein Bruder ist **größer als** ich.　　　　　私の兄は私よりも背が高い。

最上級：**am 最上級 -en**　最も～な

Ich trinke Kaffee **am liebsten**.　　　　　私はコーヒーを飲むのが一番好きだ。
Der Berg Fuji ist **am höchsten** in Japan.　富士山は日本で最も高い。

同等比較：**so 原級 wie A**　Aと同じくらい…である

Er ist **so alt wie** meine Schwester.　彼は私の姉と同じ歳である。（同じくらい歳をとっている。）

比較級の前につくvielは比較級の度合いを強め、「より～である」という意味になります。
noch（さらに）やweit（はるかに）などもあります。
Jeden Tag steht er **viel früher als** ich auf.　毎日彼は私よりずっと早く起床する。

2 現在分詞・過去分詞 🎧52

これまで完了形を作る時に「過去分詞」を学びました。「分詞」とは、動詞と形容詞の性質を
分け持つものであることを意識しておきましょう。さて、「現在分詞」とは動詞を現在形で使
用する時の形、すなわち不定詞をベースにして作ります。

現在分詞：**動詞の不定詞 + d**　　～しながら、～している

Der Mann ist **singend** gelaufen.（singen）その男性は**歌いながら**走った。
Das **schlafende** Baby sieht so glücklich aus.（schlafen）

その**眠っている**赤子は幸せそうに見える。

分詞は付加語的にも使うことができ、形容詞の格語尾変化と同じ要領で語尾をつけます。また、「過去分詞」は「〜された」「〜されている」など受け身の意味になります。

im gegebenen Fall（geben）　　　　　　この場合には（この与えられた場合においては）

練習問題 **2** （　）内の動詞を現在分詞あるいは過去分詞にして書き入れましょう。

① Musik _____, fährt er das Auto. (hören)

② Ein Buch _____, trinkt sie eine Tasse Tee. (lesen)

③ Ehrlich _____, möchte ich das nicht tun. (sagen)

53　3　zu 不定詞（句）

「不定詞句」とは動詞と目的語などその他の情報を表す語を一緒にまとめた塊のことです。この時、動詞の不定詞は末尾に置かれます。

jeden Tag Deutsch lernen　　　毎日ドイツ語を勉強する

「zu 不定詞」とは、動詞の不定詞に前置詞 zu を付けて「〜すること」などと意味を拡張する用法です。「〜する」の部分には様々な情報を詰め込むことができ、この塊を「zu 不定詞句」と呼びます。

zu lernen　学ぶこと

jeden Tag Deutsch zu lernen　毎日ドイツ語を学ぶこと
※ 分離動詞の zu 不定詞は次のようになります。an|kommen → anzukommen

zu 不定詞（句）には以下のような用法があります。

① **名詞的用法**
Jeden Tag Deutsch zu lernen, ist meine Gewohnheit.

　　　　　　　　　　　　　　　　　　毎日ドイツ語を勉強することは私の習慣だ。

※ Es ist meine Gewohnheit, jeden Tag Deutsch zu lernen.
　zu 不定詞句が大きい場合、先取りの es を置くことができます。

Ich habe vergessen, eine Unterlage einzureichen.

　　　　　　　　　　　　　　　　　　書類を提出することを忘れていた。

② **付加語的用法**

Hast du Lust, **mit mir ins Kino zu gehen**? 私と一緒に映画を観に行く気がある？

Leider habe ich viel **zu tun**. 残念ながら私はやることがたくさんある。

③ **副詞的用法**

● um + zu不定詞句　〜するために

Ich brauche mehr Geld, **um in Japan zu studieren**.

日本で勉強するためには、私はもっとお金がいる。

● statt + zu不定詞句　〜する代わりに

Ich schreibe ihm einen Brief, **statt ihn anzurufen**.

私は彼に電話をかける代わりに手紙を書く。

● ohne + zu不定詞句　〜することなしに

Ohne etwas zu sagen, ist sie weggegangen.

何も言わずに彼女は出ていってしまった。

④ **その他**

● haben + zu不定詞　〜しなければならない

Wir **haben** noch **zu arbeiten**. 私たちはまだ働かなければならない。

● sein + zu不定詞　〜されうる、〜されなければならない

Das **ist** unbedingt **zu berücksichtigen**. それは絶対に考慮されなければならない。

Lektion 10

練習問題 3　[　]内の単語を並べ変えて日本語にあうzu不定詞句の文章にしましょう。
動詞は適切な形に書き換えてください。

① 今日私と一緒に宿題をする時間ある？

[Haben / du / mit mir / die Hausaufgaben / machen / zu / Zeit]

_____

② ドイツで勉強するためには、人は熱心にドイツ語を学ばなければならない。

[in Deutschland / studieren / zu / müssen / man / Deutsch / lernen / fleißig / um]

_____

Übung 10

I 日本語を参考に、（ ）内の形容詞を適切な形にして下線部に書きなさい。変化しない場合もあります。

1) この花はあの花よりずっと美しい。

Diese Blume ist viel _____ als jene. (schön)

2) 君が一番好きな食べ物は何？

Was isst du _____? (gern)

3) 君と彼は同じ歳なんだね。

Du bist so _____ wie er. (alt)

4) あなたは日本で一番高い山を知っていますか？

Kennen Sie den _____ Berg in Japan? (hoch)

II 日本語訳を参考にして、（ ）内の動詞のどちらかを現在分詞にして文章を書き換えなさい。もう一つの動詞も適切に変化させること。

1) 彼女は笑いながら面白い映画を観ている。(lachen) (sehen) sie den lustigen Film.

_____

2) 私の母は歌いながら家の掃除をしている。

Meine Mutter (putzen) (singen) das Haus.

_____

III [ ] 内の単語を並べ変えて日本語にあう zu 不定詞句の文章を書きなさい。動詞も適切に変化させること。

1) 私は明日早く起床する予定だ。[planen / ich / früh / morgen / auf|stehen / zu]

_____

2) 彼女は何も飲まずに起きた。[ohne / sie / aufstehen / sein / etwas / zu / trinken]

_____

Feste und Feiertage in Deutschland

ドイツの祝祭日

In Deutschland gibt es viele Feste und Feiertage, die im Laufe des Jahres gefeiert werden. Einige der bekanntesten Feiertage sind Weihnachten, Ostern, der Tag der Deutschen Einheit und Karneval. Weihnachten ist eines der wichtigsten Feste und wird traditionell mit der Familie gefeiert. An Heiligabend gibt es Geschenke und ein Festessen. Ostern ist ein weiteres wichtiges Fest und wird mit vielen Bräuchen wie dem Osterfeuer und dem Eierfärben gefeiert. Der Tag der Deutschen Einheit wird jährlich am 3. Oktober gefeiert und erinnert an die Wiedervereinigung Deutschlands im Jahr 1990. Der Karneval, auch Fasching genannt, wird in einigen Regionen gefeiert und geht mit Umzügen und Verkleidungen einher. Es gibt jedoch auch viele regionale Feste und Bräuche, bei denen es oft Musik, Tanz und kulinarischen Spezialitäten gibt.

馴染みのある日本の祝日は何でしょう？
みんなで話し合ってみましょう。

動作受動態
状態受動態
その他の受動的表現

 1 動作受動態

まず下の二文を見てください。

① Mein Vater schreibt diesen Brief.　　　　　　　　私の父はこの手紙を書く。

② Dieser Brief wird von meinem Vater geschrieben.　この手紙は私の父によって書かれる。

①は「…が〜をする」という能動態であるのに対し、②は「〜が…によって…される」という受動態です。

受動態は次のようにして作ります。

受動の助動詞

werden ＋ 過去分詞

過去分詞は完了形の時と同様に、**文末**に配置します。
werden の変化は Lektion 3 で学んだものと同じです。

werden			
ich	werde	wir	werden
du	**wirst**	ihr	werdet
er/sie/es	**wird**	sie/Sie	werden

もう一度、上の例文②を見てみましょう。

Dieser Brief wird von meinem Vater geschrieben.　この手紙は私の父によって書かれる。

受動態において**行為者**を表す際には前置詞 **von** を、**原因**を表す際には **durch** を、動作に用いられる**手段**を表す際には **mit** を伴います。前置詞の格支配にも注意しましょう。

Das Kind wird von seinen Eltern sehr geliebt.　その子は両親によって愛される。
Das Gebäude wird durch den Sturm zerstört.　その建物は嵐によって破壊される。
Das Feld wird bald mit Schnee bedeckt.　まもなく野は雪で覆われる。

再び上の例文①と②を見てみると、受動態における主語は、能動態における4格であることがわかります。また、能動態の主語は、受動態においては前置詞を伴って表されます。

練習問題 1 次の能動態を受動態に書き換えてみましょう。

① Die Katze jagt die Maus.　→

② Der Junge wirft den Ball. →

③ Er isst das Brot. →

④ Der Wind bläst das Laub vom Baum. →

● **受動態の時称**

　現在：Der Kuchen **wird** von meiner Mutter gebacken.

そのケーキは私の母によって焼かれる。

　過去：Der Kuchen **wurde** von meiner Mutter gebacken.

そのケーキは私の母によって焼かれた。

　現在完了：Der Kuchen **ist** von meiner Mutter gebacken **worden**.

そのケーキは私の母によって焼かれた。

受動の助動詞の時称を変えることで対応しますが、現在完了を作る際、werden の過去分詞は通常の geworden ではなく、**worden** という形になります。

練習問題 2 次の受動態を過去形と現在完了形で書き換えてみましょう。

Die Autos werden von meinem Vater repariert.

過去：

現在完了：

● **自動詞の文章を受動態にする**

　以下の能動態の文章には4格がありません。

　Anna hilft ihrer Mutter.　　　アナは母親の手助けをする。　　helfen 3格：〜に手を貸す、〜を助ける

このような文章を受動態にするためには、次のような方法があります。
① 仮主語 es を使う：Es wird ihrer Mutter von Anna geholfen.　母親はアナに手助けされる。
② 主語を省き、他の文成分を先頭に置く：Ihrer Mutter wird von Anna geholfen.

練習問題 3 次の能動態を受動態に書き換えてみましょう。

① Man wartet auf die Antwort. →

② Niemand hat ihr nicht geholfen. →

2 状態受動態

「～される」状態が、行為以降もずっと続くことを状態受動と言い、次のように作ります。

受動の助動詞

| sein + 過去分詞 |

Die Tür ist geöffnet.　　その扉は開けられている。
Der Hund ist gut erzogen.　その犬はよくしつけられている。

練習問題 **4** （　）内の動詞を過去分詞にして、状態受動にしましょう。

① Der Kuchen ＿＿＿＿ schon ＿＿＿＿＿＿＿＿. (essen)
② Die Aufgaben ＿＿＿＿ noch nicht ＿＿＿＿＿＿＿＿. (erledigen)
③ Die Rechnung ＿＿＿＿ bereits ＿＿＿＿＿＿＿. (bezahlen)
④ Die Gäste ＿＿＿＿ freundlich ＿＿＿＿＿＿＿. (begrüßen)

3 その他の受動的表現

● **sein + zu不定詞**：～されうる、～されなければならない
Das Problem ist schwierig zu lösen.　　その問題は解決が困難だ。
Der Fehler ist leicht zu übersehen.　　その誤りは見逃されやすい。

● **lassen sich⁴ + 不定詞**：～されうる
Der Fehler lässt sich nicht mehr korrigieren.　その誤りはこれ以上直せない。
Die Theorie lässt sich nur schwer beweisen.　その理論は証明するのが難しい。

序数詞：〜番目の

1. erst	2. zweit	3. dritt	4. viert	5. fünft
6. sechst	7. siebt	8. acht	9. neunt	10. zehnt
11. elft	12. zwölft	13. dreizehnt	14. vierzehnt	15. fünfzehnt
16. sechzehnt	17. siebzehnt	18. achtzehnt	19. neunzehnt	20. zwanzigst

1-19番目までは一部の例外（erst / dritt / acht）を除いて基数詞の後ろに -t を、20番目からは基数詞の後ろに -st を付けます。

Mein Geburtstag ist der 11. (elfte) Juni.　私の誕生日は6月11日です。

時刻：〜時〜分

24時間式		12時間式	
7:00	sieben Uhr	9:00	neun [Uhr]
7:05	sieben Uhr fünf	9:05	fünf nach neun
7:15	sieben Uhr fünfzehn	9:15	Vietel nach neun
7:30	sieben Uhr dreißig	9:30	halb zehn
7:45	sieben Uhr fünfundvierzig	9:45	Viertel vor zehn
7:55	sieben Uhr fünfundfünfzig	9:55	fünf vor zehn

Wie spät ist es jetzt?　今何時ですか？
Wie viel Uhr ist es jetzt?

Es ist sieben Uhr dreißig. / Es ist halb 8.　7時30分です。/ 7時半です。

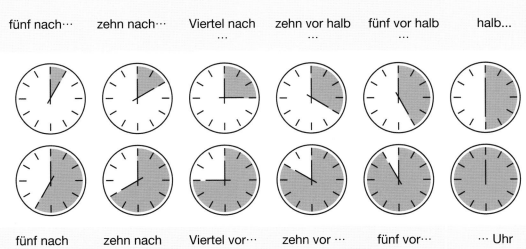

fünf nach…　zehn nach…　Viertel nach…　zehn vor halb…　fünf vor halb…　halb...

fünf nach halb…　zehn nach halb…　Viertel vor…　zehn vor …　fünf vor…　… Uhr

Lektion 11

Übung 11

I 次の能動態の文章を受動態に書き換えなさい。

1） Maria backt den Kuchen.

2） Er gießt die Blumen.

3） Viele Menschen lieben den Film.

4） Wir renovieren das Haus.

II 次の受動態の文章を能動態に書き換えなさい。

1） Der Unfall wurde von ihm verursacht.

2） Der Roman wird von vielen Leuten gelesen.

3） Das Haus wurde von meinem Vater gebaut.

4） Der Frau wurde von Herrn Meyer geholfen.

III 与えられた単語を使って状態受動の文章を書きなさい。単語は適切な形にすること。

1） [das Fenster, sein, öffnen]

2） [sein, schließen, die Tür]

3） [pflanzen, sein, die Blumen]

4） [die Arbeit, sein, erledigen]

Der Umweltschutz

環境保護

In Deutschland wird der Umweltschutz großgeschrieben und es gibt viele Initiativen, um die Umwelt zu schützen und zu erhalten. Dazu gehört unter anderem die Förderung erneuerbarer Energien wie Solar- und Windenergie sowie die Förderung von umweltfreundlichem Verkehr wie Radfahren oder öffentlichem Nahverkehr. Es gibt auch viele Maßnahmen zur Mülltrennung und -entsorgung, um die Umweltbelastung zu reduzieren. Zudem gibt es in Deutschland zahlreiche Umweltschutzorganisationen, die sich für den Schutz der Natur und des Klimas einsetzen. Jeder Einzelne kann auch seinen Teil zum Umweltschutz beitragen, indem er zum Beispiel auf Plastikmüll verzichtet oder Strom spart. Der Umweltschutz hat in Deutschland eine hohe Priorität und wird auch politisch gefördert.

Lektion 12

身近で実践できそうな環境保護について
みんなで話し合ってみましょう。

接続法
（第Ⅰ式、第Ⅱ式）

 1 接続法

これまで学んできた文章は事実を述べる直説法です。それに対して、**接続法**とは、非現実な事象や願望、伝聞などを表現するために使います。

直説法：Ich bin reich. 　　　　私はお金持ちである。
接続法：Wenn ich reich wäre. 　私がお金持ちだったらなあ。

接続法には**第Ⅰ式**と**第Ⅱ式**があり、それぞれ動詞を変化させて使います。

● 接続法第Ⅰ式

		machen	arbeiten	sein	haben
第Ⅰ式基本形 **不定詞の語幹 + e**		mache	arbeite	sei	habe
ich	-△	mache	arbeite	sei	habe
du	-st	machest	arbeitest	sei[e]st	habest
er/sie/es	-△	mache	arbeite	sei	habe
wir	-n	machen	arbeiten	seien	haben
ihr	-t	machet	arbeitet	seiet	habet
sie/Sie	-n	machen	arbeiten	seien	haben

接続法第Ⅰ式には次のような用法があります。

要求話法

Jeder tue sein Bestes. (tun) 　　　　各自がベストを尽くすように。
Gott sei Dank! (sein) 　　　　　　　神に感謝あれ！（やれやれ、よかった）

認容

Er sage, was er will, ich glaube ihm nicht. 彼が何と言おうと、私は彼を信じない。
Sei es A, sei es B 　　　　　　　　　AにせよBにせよ

間接話法

Er sagt, er komme heute zu uns. 　　彼は今日我々のところに来ると言っている。
Er sagt, dass er heute zu uns komme. 　※ dass を入れる場合は語順が変化します。
(Es sagt: „Ich komme heute zu euch.") 　（彼は「今日僕は君たちのところに行くよ」と言っている。）

練習問題 **1** 次の動詞・助動詞の接続法第Ⅰ式を書いてみましょう。

	kaufen	arbeiten	können	sollen
第Ⅰ式基本形 **不定詞の語幹 + e**				
ich -△				
du -st				
er/sie/es -△				
wir -n				
ihr -t				
sie/Sie -n				

練習問題 **2** 次の文章を間接話法に直してみましょう。

① Er sagt: „Ich lerne Deutsch."

② Sie erzäht: „Ich esse gerne Pizza."

③ Er sagt: „Ich werde morgen in den Urlaub fahren."

④ Du hast mir gesagt: „Ich kann dir helfen."

● 接続法第Ⅱ式

	machen	gehen	sein	haben	werden
第Ⅱ式基本形	machte	ginge	wäre	hätte	würde
ich -△	machte	ginge	wäre	hätte	würde
du -st	machtest	gingest	wärest	hättest	würdest
er/sie/es -△	machte	ginge	wäre	hätte	würde
wir -n	machten	gingen	wären	hätten	würden
ihr -t	machtet	ginget	wäret	hättet	würdet
sie/Sie -n	machten	gingen	wären	hätten	würden

規則変化動詞は「過去基本形」と同型になり、不規則変化動詞は過去基本形に -e をつけ、幹母音 a,o,u は原則としてはウムラウトに変化します。

接続法第Ⅱ式には次のような用法があります。

非現実話法

Wenn ich reich wäre, **reiste** ich durch die Welt.

　　あるいは　Wenn ich reich wäre, **würde** ich durch die Welt reisen.

　　　もし私がお金持ちだったら、世界中を旅するのになあ。

Wenn ich Zeit hätte, **ginge** ich mit dir ins Kino.

あるいは　Wenn ich Zeit hätte, **würde** ich mit dir ins Kino gehen.

もし時間があったら君と映画を観に行くのになあ。

Wenn ich da **wäre**!　私がそこにいれば！

Bitte sagen Sie uns Bescheid, falls es Probleme geben **sollte**.

万が一問題があるようでしたら、我々にお知らせください。

婉曲表現

Ich **hätte** eine Bitte an Sie.　　　　　　　あなたにお願いがあるのですが。

Wie **wäre** es mit dem 16. Dezember?　　12月16日はどうでしょう？

Ich **würde** mich sehr freuen, wenn du zu uns kommen kannst.

君が我々のところに来てくれたら嬉しいのだけど。

Ich **hätte gerne** diesen Kuchen.　　　　このケーキをいただきたいのですが。

Könnten Sie mir bitte sagen, wo das Restaurant ist?

そのレストランがどこにあるか教えていただけますか？

Es **könnte** sein, dass er krank gewesen ist.　彼は病気だったのかもしれない。

認容

Auch wenn ich das nicht gewusst **hätte**, hätte ich das gemacht.

たとえそれを知らなかったとしても、私はそれをしただろう。

間接話法

Er fragte mich, ob ich einen Bruder **hätte**.　彼は私に兄弟がいるかどうか聞いた。

※ 接続法第Ⅰ式と直説法の形が一致する場合（この場合はどちらも habe になります）、接続法第Ⅱ式を代わりに使います。

練習問題 3 次の動詞・助動詞の接続法第Ⅱ式を書いてみましょう。

	kaufen	arbeiten	können	sollen
第Ⅱ式基本形				
ich 　　　-△				
du 　　　-st				
er/sie/es -△				
wir 　　　-n				
ihr 　　　-t				
sie/Sie 　-n				

練習問題 **4** 日本語にあうように [　] 内の単語を並べ変えましょう。動詞は適宜変化
させてください。

① もっと時間があれば、私は喜んで旅に出るのになあ。

[haben / ich / mehr Zeit / wenn / werde / ich / reisen / gerne]

---

② たとえお金が十分になくても、私は家を買うだろう。

[auch wenn / nicht genug / ich / Geld / haben / werden / ich / kaufen / ein Haus]

---

③ 質問があるのですが。

[haben / ich / eine Frage]

---

④ ドイツ語がもっと流暢に話せたらなあ！

[ich / können / Deutsch / fließend / wenn / sprechen]

Lektion 12

Übung 12

Ⅰ 次の文章を間接話法に書き直しなさい。

1) Sie sagt: „Ich arbeite gerne hier."

_____

2) Anna sagt: „Ich habe heute eine Prüfung."

_____

3) Fran Schmidt har mir gesagt: „Du bist ja großartig!"

_____

Ⅱ （ ）内の動詞・助動詞を接続法第Ⅱ式の形にして、日本語に訳しなさい。

1) Wenn ich mehr Geld _____ (haben), _____
(kaufen) ich ein Haus.
日本語訳： _____

2) Wenn ich nicht so beschäftigt _____ (sein),
_____ (werden) ich gerne mit dir ausgehen.
日本語訳： _____

3) Wenn wir fliegen _____ (können), _____
(werden) wir gerne um die Welt reisen.
日本語訳： _____

4) _____ (können) Sie mir bitte helfen?
日本語訳： _____

Ⅲ ［ ］内の単語を用いて、ドイツ語で表現しなさい。

1) あなたにお願いがあるのですが。[haben / eine Bitte / Sie / an / ich]

_____

2) 私が君の立場だったらなあ。[an deiner Stelle / ich / sein / wenn]

_____

追加練習問題

追加練習問題

次のドイツ語の文章には文法的な間違いが含まれています。該当箇所を見つけて全文書き直しなさい。

1)　Du spielen Fußball.　君はサッカーをする。

_____

2)　Sie ist in der Schule.　彼らは学校にいる。

_____

3)　Wir ist müde.　私たちは疲れている。

_____

4)　Ich Tennis spielen.　私はテニスをする。

_____

5)　Ihr hat Fieber.　君たちは熱があるね。

_____

この課で調べた (単語) や (表現) を書き込んでみましょう

_____

_____

_____

_____

次のドイツ語の文章には間違いが含まれています。該当箇所を見つけて全文書き直しなさい。

1) Der Auto ist gelb.

_____

2) Das Uhr ist sehr teuer.

_____

3) Eines Kind spielt dort.

_____

4) Ich gebe den Kinder den Spielzeug.

_____

5) Wer gehören die Autos?

_____

この課で調べた 単語 や 表現 を書き込んでみましょう

_____

_____

_____

_____

_____

追加練習問題

次のドイツ語の文章には間違いが含まれています。該当箇所を見つけて全文書き直しなさい。（いずれも主語は正しいです。）

1) Du sprechst Deutsch und Englisch.

_____

2) Er seht eine Film.

_____

3) Ich wisse das nicht.

_____

4) Laut Sie sprechen bitte!

_____

5) Hier es gibt kein Supermarkt.

_____

この課で調べた 単語 や 表現 を書き込んでみましょう

_____

_____

_____

_____

次のドイツ語の文章には文法的な間違いが含まれています。該当箇所を見つけて全文書き直しなさい。

1） Ich gehe zum Schule mit der Bus.

_____

2） Ich spiele Fußball auf den Freunden.

_____

3） Er fahren nach Japan.

_____

4） Sie arbeitet in einem Bank seit fünf Jahre.

_____

5） Ich fahre mit den Zug auf Berlin.

_____

この課で調べた 単語 や 表現 を書き込んでみましょう

_____
_____
_____
_____
_____

追加練習問題

下の従属の接続詞のうち適切なものを下線部に入れ、日本語に訳しなさい。

従属の接続詞：ob　weil　wenn　obwohl　dass

1）Ich gehe ins Kino, _____ ich den Film sehen will.

日本語訳：_____

2）Ich frage ihn, _____ er heute Abend Zeit hat.

日本語訳：_____

3）_____ ich Hunger habe, esse ich immer eine Pizza.

日本語訳：_____

4）Ich denke, _____ sie heute Abend zu Hause bleibt.

日本語訳：_____

5）_____ es regnet, gehen wir spazieren.

日本語訳：_____

この課で調べた 単語 や 表現 を書き込んでみましょう

_____

_____

_____

_____

次のドイツ語の文章には文法的な間違いが含まれています。該当箇所を見つけて全文
書き直しなさい。

1) Der Lehrer vorlest das Buch.

_____

2) Ich aus schalte mein Handy.

_____

3) Ich stehe ver, was du sagst.

_____

4) Er freuen sich auf dem Wochenende.

_____

5) Interessierst du sich für die Geschichte?

_____

この課で調べた 単語 や 表現 を書き込んでみましょう

_____

_____

_____

_____

_____

追加練習問題

次のドイツ語の文章には文法的な間違いが含まれています。該当箇所を見つけて全文
書き直し、日本語に訳しなさい。

1） Er läuft mit dem großem Hund.

ドイツ語：_____

日本語訳：_____

2） Wir kaufen ein schönen Auto.

ドイツ語：_____

日本語訳：_____

3） Der roter Stift liegt auf dem weißem Tisch.

ドイツ語：_____

日本語訳：_____

4） Ich helfe dem Alter.

ドイツ語：_____

日本語訳：_____

5） Das ist ein sehr nette Geschenk.

ドイツ語：_____

日本語訳：_____

この課で調べた 単語 や 表現 を書き込んでみましょう

_____

_____

_____

_____

_____

次のドイツ語の文章には文法的な間違いが含まれています。該当箇所を見つけて全文書き直し、日本語に訳しなさい。

1）Ich habe mein Buch fertig gelest.

ドイツ語：_____

日本語訳：_____

2）Er hat zu Hause geblieben.

ドイツ語：_____

日本語訳：_____

3）Ich habe die Musik gemacht an.

ドイツ語：_____

日本語訳：_____

4）Ich habe meine Hausaufgaben gemacht, bevor ich ins Kino gegangen habe.

ドイツ語：_____

日本語訳：_____

5）Bis morgen werden ich meine Präsentation fertiggestellt haben.

ドイツ語：_____

日本語訳：_____

この課で調べた 単語 や 表現 を書き込んでみましょう

_____

_____

_____

_____

次のドイツ語の文章には文法的な間違いが含まれています。該当箇所を見つけて全文書き直し、日本語に訳しなさい。

1）Der Mann, den gestern zu uns gekommen ist, war mein alter Freund.

ドイツ語：

日本語訳：

2）Das Haus, deren Dach grün ist, gehört meiner Vater.

ドイツ語：

日本語訳：

3）Ich spreche mit der Mädchen, zu dem ich im letzten Sommer nach Paris gereist bin.

ドイツ語：

日本語訳：

4）Den Ort, was ich dich zum ersten Mal gesehen habe, vergesse ich nie.

ドイツ語：

日本語訳：

5）Wen das macht, bekommt eine gute Note.

ドイツ語：

日本語訳：

この課で調べた 単語 や 表現 を書き込んでみましょう

（　）内の不定詞句を zu 不定詞句に変え、前の文章につなげなさい。また日本語訳も書きなさい。

1）　Ich habe beschlossen, (zu Hause bleiben).

ドイツ語：

日本語訳：

2）　Es ist schwer, (ihn verstehen).

ドイツ語：

日本語訳：

3）　Ich freue mich darauf, (dich wiedersehen).

ドイツ語：

日本語訳：

4）　Um (in Deutschland Jura studieren), habe ich intensiv Deutsch gelernt.

ドイツ語：

日本語訳：

5）　Er hat keine Lust, (mehr arbeiten).

ドイツ語：

日本語訳：

この課で調べた 単語 や 表現 を書き込んでみましょう

追加練習問題

次のドイツ語の文章には文法的な間違いが含まれています。該当箇所を見つけて全文書き直し、日本語に訳しなさい。

1） Der Ball wurde mit dem Jungen geworfen.

　　ドイツ語：_____

　　日本語訳：_____

2） Der Hund werden von der Frau gefüttert.

　　ドイツ語：_____

　　日本語訳：_____

3） Die Haus ist schon seit Jahren nicht mehr bewohnt.

　　ドイツ語：_____

　　日本語訳：_____

4） In diesem Raum dürfen nicht geraucht werden.

　　ドイツ語：_____

　　日本語訳：_____

5） In diesem Hotel werden täglich geputzt.

　　ドイツ語：_____

　　日本語訳：_____

この課で調べた 単語 や 表現 を書き込んでみましょう

_____
_____
_____
_____

次のドイツ語の文章には文法的な間違いが含まれています。該当箇所を見つけて全文書き直し、日本語に訳しなさい。

1）Wenn ich hätte viel Zeit, wurde ich gerne ein Buch schreiben.

ドイツ語：_____

日本語訳：_____

2）Wenn du nicht so gestresst wär, könnte du besser schlafen.

ドイツ語：_____

日本語訳：_____

3）Ich hätten gerne eine Kopiekarte.

ドイツ語：_____

日本語訳：_____

4）Wenn sie früher aufgestanden hätte, hätte sie den Zug nicht verpasst.

ドイツ語：_____

日本語訳：_____

5）Sie sagt zu mir, dass sie habe jetzt keine Zeit.

ドイツ語：_____

日本語訳：_____

この課で調べた 単語 や 表現 を書き込んでみましょう

_____

_____

_____

_____

_____

主要不規則動詞変化表

不定詞	直説法現在	過去基本形	接続法第2式	過去分詞
backen （パンなどを）焼く	*du* bäckst（backst） *er* bäckt（backt）	**backte**	backte	**gebacken**
befehlen 命令する	*du* befiehlst *er* befiehlt	**befahl**	beföhle （befähle）	**befohlen**
beginnen 始める，始まる		**begann**	begänne （begönne）	**begonnen**
bieten 提供する		**bot**	böte	**geboten**
binden 結ぶ		**band**	bände	**gebunden**
bitten たのむ		**bat**	bäte	**gebeten**
bleiben とどまる		**blieb**	bliebe	**geblieben**
braten （肉などを）焼く	*du* brätst *er* brät	**briet**	briete	**gebraten**
brechen 破る，折る	*du* brichst *er* bricht	**brach**	bräche	**gebrochen**
brennen 燃える		**brannte**	brennte	**gebrannt**
bringen 持って来る		**brachte**	brächte	**gebracht**
denken 考える		**dachte**	dächte	**gedacht**
dürfen …してもよい	*ich* darf *du* darfst *er* darf	**durfte**	dürfte	**gedurft** **dürfen**
empfehlen 推薦する	*du* empfiehlst *er* empfiehlt	**empfahl**	empfähle （empföhle）	**empfohlen**
erschrecken 驚く	*du* erschrickst *er* erschrickt	**erschrak**	erschräke	**erschrocken**
essen 食べる	*du* isst *er* isst	**aß**	äße	**gegessen**
fahren （乗物で）行く	*du* fährst *er* fährt	**fuhr**	führe	**gefahren**
fallen 落ちる	*du* fällst *er* fällt	**fiel**	fiele	**gefallen**
fangen 捕える	*du* fängst *er* fängt	**fing**	finge	**gefangen**
finden 見つける		**fand**	fände	**gefunden**
fliegen 飛ぶ		**flog**	flöge	**geflogen**

不定詞	直説法現在	過去基本形	接続法第2式	過去分詞
fliehen 逃げる		**floh**	flöhe	**geflohen**
fließen 流れる		**floss**	flösse	**geflossen**
frieren 凍る		**fror**	fröre	**gefroren**
geben 与える	*du* gibst *er* gibt	**gab**	gäbe	**gegeben**
gehen 行く		**ging**	ginge	**gegangen**
gelingen 成功する		**gelang**	gelänge	**gelungen**
gelten 値する，有効である	*du* giltst *er* gilt	**galt**	gälte (gölte)	**gegolten**
genießen 享受する，楽しむ		**genoss**	genösse	**genossen**
geschehen 起こる	*es* geschieht	**geschah**	geschähe	**geschehen**
gewinnen 獲得する，勝つ		**gewann**	gewänne (gewönne)	**gewonnen**
graben 掘る	*du* gräbst *er* gräbt	**grub**	grübe	**gegraben**
greifen つかむ		**griff**	griffe	**gegriffen**
haben 持っている	*du* hast *er* hat	**hatte**	hätte	**gehabt**
halten 持って(つかんで)いる	*du* hältst *er* hält	**hielt**	hielte	**gehalten**
hängen 掛かっている		**hing**	hinge	**gehangen**
heben 持ちあげる		**hob**	höbe	**gehoben**
heißen …と呼ばれる		**hieß**	hieße	**geheißen**
helfen 助ける	*du* hilfst *er* hilft	**half**	hülfe (hälfe)	**geholfen**
kennen 知っている		**kannte**	kennte	**gekannt**
kommen 来る		**kam**	käme	**gekommen**
können …できる	*ich* kann *du* kannst *er* kann	**konnte**	könnte	**gekonnt** **können**
laden (荷を)積む	*du* lädst *er* lädt	**lud**	lüde	**geladen**
lassen …させる	*du* lässt *er* lässt	**ließ**	ließe	**gelassen**

不定詞	直説法現在	過去基本形	接続法第2式	過去分詞
laufen 走る	*du* läufst *er* läuft	**lief**	liefe	**gelaufen**
leiden 悩む，苦しむ		**litt**	litte	**gelitten**
leihen 貸す，借りる		**lieh**	liehe	**geliehen**
lesen 読む	*du* liest *er* liest	**las**	läse	**gelesen**
liegen 横たわっている		**lag**	läge	**gelegen**
lügen うそをつく		**log**	löge	**gelogen**
messen 測る	*du* misst *er* misst	**maß**	mäße	**gemessen**
mögen …かもしれない	*ich* mag *du* magst *er* mag	**mochte**	möchte	**gemocht** **mögen**
müssen …ねばならない	*ich* muss *du* musst *er* muss	**musste**	müsste	**gemusst** **müssen**
nehmen 取る	*du* nimmst *er* nimmt	**nahm**	nähme	**genommen**
nennen …と呼ぶ		**nannte**	nennte	**genannt**
raten 助言する	*du* rätst *er* rät	**riet**	riete	**geraten**
reißen 引きちぎる		**riss**	risse	**gerissen**
reiten 馬に乗る		**ritt**	ritte	**geritten**
rennen 走る		**rannte**	rennte	**gerannt**
rufen 叫ぶ，呼ぶ		**rief**	riefe	**gerufen**
schaffen 創造する		**schuf**	schüfe	**geschaffen**
scheinen 輝く，思われる		**schien**	schiene	**geschienen**
schieben 押す		**schob**	schöbe	**geschoben**
schießen 撃つ		**schoss**	schösse	**geschossen**
schlafen 眠っている	*du* schläfst *er* schläft	**schlief**	schliefe	**geschlafen**
schlagen 打つ	*du* schlägst *er* schlägt	**schlug**	schlüge	**geschlagen**
schließen 閉じる		**schloss**	schlösse	**geschlossen**

不定詞	直説法現在	過去基本形	接続法第2式	過去分詞
schmelzen 溶ける	*du* schmilzt *er* schmilzt	**schmolz**	schmölze	**geschmolzen**
schneiden 切る		**schnitt**	schnitte	**geschnitten**
schreiben 書く		**schrieb**	schriebe	**geschrieben**
schreien 叫ぶ		**schrie**	schriee	**geschrien**
schweigen 沈黙する		**schwieg**	schwiege	**geschwiegen**
schwimmen 泳ぐ		**schwamm**	schwömme （schwämme）	**geschwommen**
schwinden 消える		**schwand**	schwände	**geschwunden**
sehen 見る	*du* siehst *er* sieht	**sah**	sähe	**gesehen**
sein 在る	*ich* bin *wir* sind *du* bist ihr seid *er* ist sie sind	**war**	wäre	**gewesen**
senden 送る		**sendete** （**sandte**）	sendete	**gesendet** （**gesandt**）
singen 歌う		**sang**	sänge	**gesungen**
sinken 沈む		**sank**	sänke	**gesunken**
sitzen 座っている		**saß**	säße	**gesessen**
sollen …すべきである	*ich* soll *du* sollst *er* soll	**sollte**	sollte	**gesollt** **sollen**
spalten 割る		**spaltete**	spaltete	**gespalten**
sprechen 話す	*du* sprichst *er* spricht	**sprach**	spräche	**gesprochen**
springen 跳ぶ		**sprang**	spränge	**gesprungen**
stechen 刺す	*du* stichst *er* sticht	**stach**	stäche	**gestochen**
stehen 立っている		**stand**	stände （stünde）	**gestanden**
stehlen 盗む	*du* stiehlst *er* stiehlt	**stahl**	stähle （stöhle）	**gestohlen**
steigen 登る		**stieg**	stiege	**gestiegen**
sterben 死ぬ	*du* stirbst *er* stirbt	**starb**	stürbe	**gestorben**
stoßen 突く	*du* stößt *er* stößt	**stieß**	stieße	**gestoßen**

不定詞	直説法現在	過去基本形	接続法第2式	過去分詞
streichen なでる		**strich**	striche	**gestrichen**
streiten 争う		**stritt**	stritte	**gestritten**
tragen 運ぶ，身につける	*du* trägst *er* trägt	**trug**	trüge	**getragen**
treffen 当たる，会う	*du* triffst *er* trifft	**traf**	träfe	**getroffen**
treiben 追う		**trieb**	triebe	**getrieben**
treten 歩む，踏む	*du* trittst *er* tritt	**trat**	träte	**getreten**
trinken 飲む		**trank**	tränke	**getrunken**
tun する		**tat**	täte	**getan**
vergessen 忘れる	*du* vergisst *er* vergisst	**vergaß**	vergäße	**vergessen**
verlieren 失う		**verlor**	verlöre	**verloren**
wachsen 成長する	*du* wächst *er* wächst	**wuchs**	wüchse	**gewachsen**
waschen 洗う	*du* wäschst *er* wäscht	**wusch**	wüsche	**gewaschen**
wenden 向ける		**wendete** （**wandte**）	wendete	**gewendet** （**gewandt**）
werben 得ようと努める	*du* wirbst *er* wirbt	**warb**	würbe	**geworben**
werden （…に）なる	*du* wirst *er* wird	**wurde**	würde	**geworden**
werfen 投げる	*du* wirfst *er* wirft	**warf**	würfe	**geworfen**
wissen 知っている	*ich* weiß *du* weißt *er* weiß	**wusste**	wüsste	**gewusst**
wollen …しようと思う	*ich* will *du* willst *er* will	**wollte**	wollte	**gewollt** **wollen**
ziehen 引く，移動する		**zog**	zöge	**gezogen**
zwingen 強制する		**zwang**	zwänge	**gezwungen**

装丁—Mio Oguma

ドイツ語文法　魔法のくつ
－コツコツ学び、大きく理解－

検印省略	© 2024 年 1 月 30 日　初 版 発 行
著　者	藤　原　美　沙
発行者	小　川　洋一郎
発行所	株式会社　朝 日 出 版 社

101-0065　東京都千代田区西神田 3-3-5
電話直通　(03) 3239-0271/72
振替口座　00140-2-46008
http://www.asahipress.com/

組　版	有限会社ファースト
印　刷	図書印刷株式会社

乱丁、落丁本はお取り替えいたします。
ISBN978-4-255-25471-5　C1084